KB192354

잠언.쓰다 | 새번역
PROVERBS WRITE

에이프릴지저스 편집부

일러두기

1. 본문의 성경은 (재)대한성서공회가 발행한 『성경전서 새번역판』을 사용하였습니다.

2. "잠언.쓰다", 문법을 파괴한 제목은 디자인적 요소로서 성경 제목을 강조하기 위함입니다.
   이는, 마침표 역할로서 먼저 위치한 성경 제목을 읽고, 멈추었다 다음 단어(쓰다)로 가는 장치입니다.

3. 에이프릴지저스는 하나님이 만드신 세상을 자연스럽게(노필터) 담습니다.

4. 이 도서의 국립중앙도서관 출판예정도서목록(CIP)은 서지정보유통지원시스템 홈페이지(http://seoji.nl.go.kr)와
   국가자료종합목록 구축시스템(http://kolis-net.nl.go.kr)에서 이용하실 수 있습니다. (CIP제어번호 : CIP2020045504)

내지 사진 : 인도네시아 발리(앞), 스페인 론다(뒤)

새번역

잠언.쓰다

필사는, 정독 중의 정독!
가장 적극적인 성경읽기입니다.

기록자
WRITER

시작일
START DATE

마감일
COMPLETE DATE

주님을 경외하는 것이 지혜의 근본이요, 거룩하신 이를 아는 것이 슬기의 근본이다.
The fear of the LORD is the beginning of wisdom, and knowledge of the Holy One is understanding.

잠언 PROVERBS 9:10

잠언

잠언은

하나님께 속한 백성으로 살아 갈때에, 영적으로 또 도덕적으로 세상속에서 꼭 지녀야 할 규칙을 잘 지키고 그로인해 하나님께서 기뻐하실 삶을 살게 하기 위하여 기록되었습니다.

잠언은 솔로몬이 하나님께서 주신 지혜를 기록하고 있는데 이 놀라운 지혜들은 현실을 살아가는 우리에게도 반드시 적용되어 경험하기를 이야기하고 있습니다. 또한 이 모든 참된 지혜는 여호와를 온전히 경외할 때 얻을 수 있다는 것을 계속하여 진술하고 있습니다. 꼭 경험해야 할 놀라운 **지혜로 가득한 잠언을, 필사를 통해 온전히 나의 지혜로** 만드는 경험을 하시길 바랍니다.

잠언의 구성 | 31장 915절

1-9장	솔로몬의 잠언
10장-22:16	솔로몬의 잠언
22:17-24장	지혜자의 잠언
25-29장	히스기야왕 신하들이 편집한 솔로몬의 잠언
30-31장	아굴과 르무엘의 잠언

필사하기 전에

1. **[기도] 필사를 시작하기 전에 기도하세요.**
   "내 눈을 열어 주십시오. 그래야 내가 주님의 법 안에 있는 놀라운 진리를 볼 것입니다.(시119:18)"

2. **[읽기] 좌측의 성경말씀을 옮겨 적으며 소리 내 필사를 하세요.**
   "오로지 주님의 율법을 즐거워하며, 밤낮으로 율법을 묵상하는 사람이다.(시1:2)"

3. **[묵상] 읽고, 필사한 말씀을 묵상하세요.**
   "내가 한 이 말을 마음에 간직하고, 골수에 새겨두고, 또 그것을 손에 매어 표로 삼고, 이마에 붙여 기호로 삼으십시오.(신11:18)"

4. **[적용] 말씀을 나의 삶에 적용하세요.**
   "나를 깨우쳐 주십시오. 내가 주님의 법을 살펴보면서, 온 마음을 기울여서 지키겠습니다.(시119:34)"

5. **[기도] 필사 후 기도로 마무리 합니다.**
   "내가 주님의 법을 얼마나 사랑하는지, 온종일 그것만을 깊이 생각합니다. (시119:97)"

왜 필사인가?

필사는 정독 중의 정독입니다. 성경이 말하고자 하는 의미와 말씀이 살아 움직이는 체험을 하고 싶다면 빠르게 성경책을 넘기지 말고 정독하는 것이 좋습니다.

필사는 천천히 한자 한자 정성껏 쓰고 또 확인하며 천천히 읽게 되므로 말씀을 더 깊이 느낄 수 있는 시간이 주어집니다. 그동안 보이지 않았던, 말씀의 한 구절 한 구절이 가슴을 울리며 깊이 다가오는 경험을 갖게 됩니다.

필사라는 가장 적극적인 성경읽기를 통해,
말씀이 살아 움직임을 느끼고 삶의 변화까지 선물 받는 놀라운 필사의 경험을, 반드시 스스로에게 선물하기를 바랍니다.

왜 모눈(그리드) 인가?

수많은 대부분의 노트들은 줄로 이루어져 있습니다. 줄노트를 쓰는데 있어서 우리는 익숙하고 당연합니다. 하지만, **간격이 정해진 줄노트는 생각의 폭이 줄안에 갇힐수 있으므로 생각 확장**이 제한됩니다.

공간 활용에 자유로운 모눈(grid)은, 라인의 색깔이 연하므로 눈이 어지럽지 않고 글씨 정렬 맞추기에 용이합니다.

필사를 하다 보면 노트를 더 예쁘게 만들고 싶을 때가 있습니다.
필사후, **다시 한번** 읽으면서 색연필, 형광펜으로 밑줄을 긋거나,
남은 공간에는 **자유롭게 묵상 또는 생각**을 간략히 적어보세요.
이 모눈노트가 나만의 필사노트를 꾸미는 것에 도움을 줄 것입니다.

자유로운 필사와 묵상으로 주님과 더욱 친밀해지기를 소망합니다.

1장

잠언의 목적과 주제

1 이것은 다윗의 아들 이스라엘 왕 솔로몬의 잠언이다.

2 이 잠언은 지혜와 훈계를 알게 하며, 명철의 말씀을 깨닫게 하며,

3 정의와 공평과 정직을 지혜롭게 실행하도록 훈계를 받게 하며,

4 어수룩한 사람을 슬기롭게 하여 주며, 젊은이들에게 지식과 분별력을 갖게 하여 주는 것이니,

5 지혜 있는 사람은 이 가르침을 듣고 학식을 더할 것이요, 명철한 사람은 지혜를 더 얻게 될 것이다.

6 잠언과 비유와 지혜 있는 사람의 말과 그 심오한 뜻을 깨달아 알 수 있을 것이다.

7 주님을 경외하는 것이 지식의 근본이어늘, 어리석은 사람은 지혜와 훈계를 멸시한다.

젊은이에게 주는 충고

8 아이들아, 아버지의 훈계를 잘 듣고, 어머니의 가르침을 저버리지 말아라.

9 진정 이것은 머리에 쓸 아름다운 관이요, 너의 목에 걸 목걸이이다.

10 아이들아, 악인들이 너를 꾀더라도, 따라가지 말아라.

11 그들이 너에게 이렇게 말할 것이다. "함께 가서 숨어 기다렸다가, 이유를 묻지 말고, 죄 없는 사람을 죽이자.

12 스올처럼 그들을 산 채로 삼키고, 무덤이 사람을 통째로 삼키듯이, 그들을 통째로 삼키자.

13 우리는 온갖 값진 것을 얻게 될 것이며, 빼앗은 것으로 우리의 집을 가득 채우게 될 것이다.

14 너도 우리와 함께 제비를 뽑고, 우리 사이에 돈주머니는 하나만 두자."

15 아이들아, 그들이 이렇게 말하더라도, 너는 그들과 함께 다니지 말고, 네 발을 그들이 가는 길에 들여놓지 말아라.

16 그들의 발은 악으로 치달으며, 피 흘리는 일을 서두르기 때문이다.

17 무릇, 새가 보는 앞에서 그물을 치는 것은 헛수고이겠거늘,

18 그들이 가만히 엎드려서 지키고 있으니 제 피나 흘릴 뿐이요, 숨어서 기다리고 있으니 제 목숨이나 잃을 뿐이다.

19 무릇 부당한 이득을 탐하는 자의 길은 다 이러하니, 재물이 목숨을 빼앗는다.

지혜가 부른다

20 지혜가 길거리에서 부르며, 광장에서 그 소리를 높이며,

21 시끄러운 길 머리에서 외치며, 성문 어귀와 성 안에서 말을 전한다.

22 "어수룩한 사람들아, 언제까지 어수룩한 것을 좋아하려느냐? 비웃는 사람들아, 언제까지 비웃기를 즐기려느냐? 미련한 사람들아, 언제까지 지식을 미워하려느냐?

23 너희는 내 책망을 듣고 돌아서거라. 보아라, 내가 내 영을 너희에게 보여 주고, 내 말을 깨닫게 해주겠다.

24 그러나 너희는, 내가 불러도 들으려고 하지 않고, 내가 손을 내밀어도 거들떠보려고도 하지 않았다.

25 도리어 너희가 내 모든 충고를 무시하며 내 책망을 받아들이지 않았으니,

26 너희가 재앙을 만날 때에, 내가 비웃을 것이며, 너희에게 두려운 일이 닥칠 때에, 내가 조롱하겠다.

27 공포가 광풍처럼 너희를 덮치며, 재앙이 폭풍처럼 너희에게 밀려오며, 고난과 고통이 너희에게 밀어닥칠 때에,

28 그 때에야 나를 애타게 부르겠지만, 나는 대답하지 않겠고, 나를 애써 찾을 것이지만, 나를 만나지 못할 것이다.

29 이것은 너희가 깨닫기를 싫어하며, 주님 경외하기를 즐거워하지 않으며,

30 내 충고를 받아들이지 않으며, 내 모든 책망을 업신여긴 탓이다.

31 그러므로 그런 사람은 제가 한 일의 열매를 먹으며, 제 꾀에 배부를 것이다.

32 어수룩한 사람은 내게 등을 돌리고 살다가 자기를 죽이며, 미련한 사람은 안일하게 살다가 자기를 멸망시키지만,

33 오직 내 말을 듣는 사람은 안심하며 살겠고, 재앙을 두려워하지 않고 평안히 살 것이다."

2장

지혜가 주는 유익

1 아이들아, 내 말을 받아들이고, 내 명령을 마음 속 깊이 간직하여라.

2 지혜에 네 귀를 기울이고, 명철에 네 마음을 두어라.

3 슬기를 외쳐 부르고, 명철을 얻으려고 소리를 높여라.

4 은을 구하듯 그것을 구하고, 보화를 찾듯 그것을 찾아라.

5 그렇게 하면, 너는 주님을 경외하는 길을 깨달을 것이며, 하나님을 아는 지식을 터득할 것이다.

6 주님께서 지혜를 주시고, 주님께서 친히 지식과 명철을 주시기 때문이다.

7 정직한 사람에게는 분별하는 지혜를 마련하여 주시고, 흠 없이 사는 사람에게는 방패가 되어 주신다.

8 공평하게 사는 사람의 길을 보살펴 주시고, 주님께 충성하는 사람의 길을 지켜 주신다.

9 그 때에야 너는 정의와 공평과 정직, 이 모든 복된 길을 깨달을 것이다.

10 지혜가 네 마음 속에 들어가고, 지식이 네 영혼을 즐겁게 할 것이다.

11 분별력이 너를 지켜 주고, 명철이 너를 보살펴 줄 것이다.

12 지혜가 악한 사람의 길에서 너를 구하고, 겉과 속이 다르게 말하는 사람에게서 너를 건질 것이다.

13 그들은 바른길을 버리고, 어두운 길로 가는 사람들이다.

14 그들은 나쁜 일 하기를 좋아하며, 악하고 거스르는 일 하기를 즐거워한다.

15 그들의 길은 구부러져 있고, 그들의 행실은 비뚤어져 있다.

지혜와 순결

16 지혜가 너를 음란한 여자에게서 건져 주고, 너를 꾀는 부정한 여자에게서 건져 줄 것이다.

17 그 여자는 젊은 시절의 짝을 버리고, 하나님과 맺은 언약을 잊은 여자이다.

18 그 여자의 집은 죽음에 이르는 길목이요, 그 길은 죽음으로 내려가는 길이다.

19 그런 여자에게 가는 자는 아무도 되돌아오지 못하고, 다시는 생명의 길에 이르지 못한다.

20 그러므로 너는 선한 사람이 가는 길을 가고, 의로운 사람이 걷는 길로만 걸어라.

21 세상은 정직한 사람이 살 곳이요, 흠 없는 사람이 살아 남을 곳이기 때문이다.

22 그러나 악한 사람은 땅에서 끊어지고, 진실하지 못한 사람은 땅에서 뿌리가 뽑힐 것이다.

3장

젊은이에게 주는 충고

1 아이들아, 내 가르침을 잊지 말고, 내 계명을 네 마음에 간직하여라.

2 그러면 그것들이 너를 장수하게 하며, 해가 갈수록 더욱 평안을 누리게 할 것이다.

3 인자와 진리를 저버리지 말고, 그것을 목에 걸고 다니며, 너의 마음 속 깊이 새겨 두어라.

4 그러면 하나님과 사람 앞에서 네가 은혜를 입고 귀중히 여김을 받을 것이다.

5 너의 마음을 다하여 주님을 의뢰하고, 너의 명철을 의지하지 말아라.

6 네가 하는 모든 일에서 주님을 인정하여라. 그러면 주님께서 네가 가는 길을 곧게 하실 것이다.

7 스스로 지혜롭다고 여기지 말고, 주님을 경외하며 악을 멀리하여라.

8 그러면 이것이 너의 몸에 보약이 되어, 상처가 낫고 아픔이 사라질 것이다.

9 너의 재산과 땅에서 얻은 모든 첫 열매로 주님을 공경하여라.

10 그러면 너의 창고가 가득 차고, 너의 포도주 통에 햇포도주가 넘칠 것이다.

11 아이들아, 주님의 훈계를 거부하지 말고, 그의 책망을 싫어하지 말아라.

12 주님은, 당신이 사랑하시는 사람을 꾸짖으시니, 마치 귀여워하는 아들을 꾸짖는 아버지와 같으시다.

지혜의 가치

13 지혜를 찾는 사람은 복이 있고, 명철을 얻는 사람은 복이 있다.

14 참으로 지혜를 얻는 것이 은을 얻는 것보다 낫고, 황금을 얻는 것보다 더 유익하다.

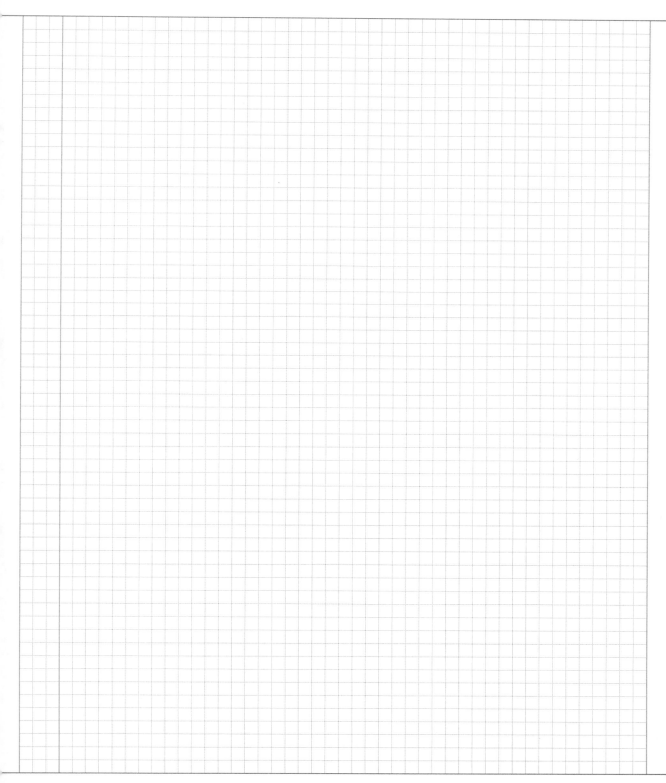

15 지혜는 진주보다 더 값지고, 네가 갖고 싶어하는 그 어떤 것도 이것과 비교할 수 없다.

16 그 오른손에는 장수가 있고, 그 왼손에는 부귀영화가 있다.

17 지혜의 길은 즐거운 길이요, 그 모든 길에는 평안이 있다.

18 지혜는, 그것을 얻는 사람에게는 생명의 나무이니, 그것을 붙드는 사람은 복이 있다.

19 주님은 지혜로 땅의 기초를 놓으셨고, 명철로 하늘을 펼쳐 놓으셨다.

20 그분은 지식으로 깊은 물줄기를 터뜨리시고, 구름에서 이슬이 내리게 하신다.

21 아이들아, 건전한 지혜와 분별력을 모두 잘 간직하여 너의 시야에서 떠나지 않게 하여라.

22 그것이 너의 영혼에 생기를 불어넣으며, 너의 목에 우아한 장식물이 될 것이다.

23 그 때에 너는 너의 길을 무사히 갈 것이며, 너의 발은 걸려 넘어지지 않을 것이다.

24 너는 누워도 두렵지 않고, 누우면 곧 단잠을 자게 될 것이다.

25 너는 갑자기 닥치는 두려운 일이나, 악한 사람에게 닥치는 멸망을 보고 무서워하지 말아라.

26 주님께서 네가 의지할 분이 되셔서 너의 발이 덫에 걸리지 않게 지켜 주실 것이다.

27 너의 손에 선을 행할 힘이 있거든, 도움을 청하는 사람에게 주저하지 말고 선을 행하여라.

28 네가 가진 것이 있으면서도, 너의 이웃에게 "갔다가 다시 오시오. 내일 주겠소" 말하지 말아라.

29 너를 의지하며 살고 있는 너의 이웃에게 해를 끼칠 계획은 꾸미지 말아라.

30 너에게 해를 끼치지 않는 사람과는, 까닭없이 다투지 말아라.

31 폭력을 휘두르는 사람을 부러워하지 말고, 그의 행위는 그 어떤 것이든 따르지 말아라.

32 참으로 주님은 역겨운 일을 하는 사람은 미워하시고, 바른길을 걷는 사람과는 늘 사귐을 가지신다.

33 주님은 악한 사람의 집에는 저주를 내리시지만, 의로운 사람이 사는 곳에는 복을 내려 주신다.

34 진실로 주님은, 조롱하는 사람을 비웃으시고, 겸손한 사람에게는 은혜를 베푸신다.

35 지혜있는 사람은 영광을 물려받고, 미련한 사람은 수치를 당할 뿐이다.

4장

지혜가 주는 유익

1 아이들아, 너희는 아버지의 훈계를 잘 듣고, 명철을 얻도록 귀를 기울여라.

2 내가 선한 도리를 너희에게 전하니, 너희는 내 교훈을 저버리지 말아라.

3 나도 내 아버지에게는 아들이었고, 내 어머니 앞에서도 하나뿐인 귀여운 자식이었다.

4 아버지는 내게 이렇게 가르치셨다. "내 말을 네 마음에 간직하고, 내 명령을 지켜라. 네가 잘 살 것이다.

5 지혜를 얻고, 명철을 얻어라. 내가 친히 하는 말을 잊지 말고, 어기지 말아라.

6 지혜를 버리지 말아라. 그것이 너를 지켜 줄 것이다. 지혜를 사랑하여라. 그것이 너를 보호하여 줄 것이다.

7 지혜가 으뜸이니, 지혜를 얻어라. 네가 가진 모든 것을 다 바쳐서라도 명철을 얻어라.

8 지혜를 소중히 여겨라. 그것이 너를 높일 것이다. 지혜를 가슴에 품어라. 그것이 너를 존귀하게 할 것이다.

9 그 지혜가 아름다운 화관을 너의 머리에 씌워 주고, 영광스러운 왕관을 너에게 씌워 줄 것이다."

바른 길, 그른 길

10 아이들아, 들어라. 내 말을 받아들이면, 네가 오래 살 것이다.

11 내가 네게 지혜로운 길을 가르쳐 주었고, 너를 바른길로 이끌어 주었으므로,

12 네가 걸을 때에, 네 걸음이 막히지 않고, 달려가도 넘어지지 않을 것이다.

13 훈계를 놓치지 말고 굳게 잡아라. 그것은 네 생명이니, 단단히 지켜라.

14 악독한 사람의 길에 들어서지 말고, 악한 사람의 길로는 다니지도 말아라.

15 그런 길은 피하고, 건너가지도 말며, 발길을 돌려서, 지나쳐 버려라.

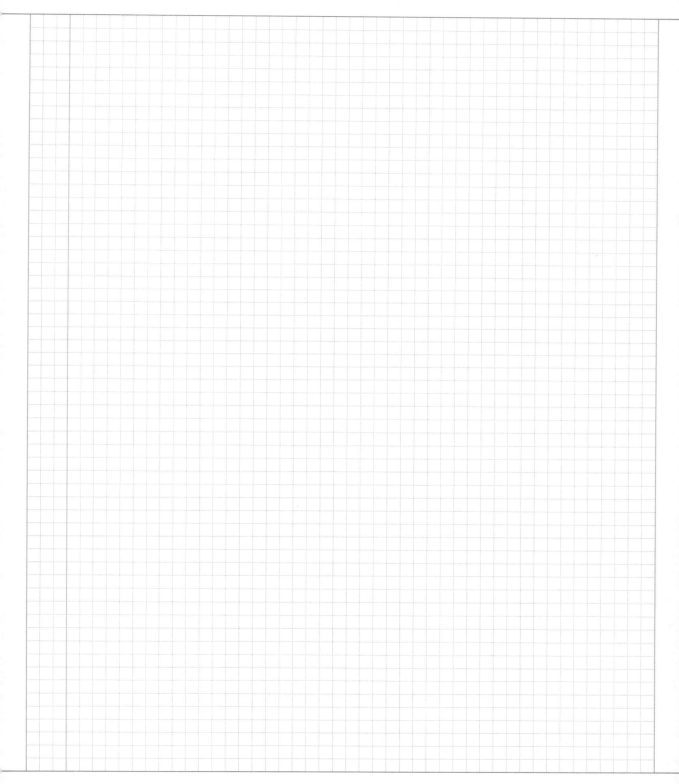

16 그들은 악한 일을 저지르지 않고는 잠을 이루지 못하며, 남을 넘어지게 하지 않고는 잠을 설치는 자들이다.

17 그들은 악한 방법으로 얻은 빵을 먹으며, 폭력으로 빼앗은 포도주를 마신다.

18 의인의 길은 동틀 때의 햇살 같아서, 대낮이 될 때까지 점점 더 빛나지만,

19 악인의 길은 캄캄하여, 넘어져도 무엇에 걸려 넘어졌는지 알지 못한다.

20 아이들아, 내가 하는 말을 잘 듣고, 내가 이르는 말에 귀를 기울여라.

21 이 말에서 한시도 눈을 떼지 말고, 너의 마음 속 깊이 잘 간직하여라.

22 이 말은 그것을 얻는 사람에게 생명이 되며, 그의 온 몸에 건강을 준다.

23 그 무엇보다도 너는 네 마음을 지켜라. 그 마음이 바로 생명의 근원이기 때문이다.

24 왜곡된 말을 네 입에서 없애 버리고, 속이는 말을 네 입술에서 멀리하여라.

25 눈으로는 앞만 똑바로 보고, 시선은 앞으로만 곧게 두어라.

26 발로 디딜 곳을 잘 살펴라. 네 모든 길이 안전할 것이다.

27 좌로든 우로든 빗나가지 말고, 악에서 네 발길을 끊어 버려라.

5장

아내에게 성실히 하여라

1 내 아들아, 너는 내 지혜에 주의를 기울이고 내 명철에 너의 귀를 기울여서,

2 분별력을 간직하고, 네 입술로 지식을 굳게 지켜라.

3 음행하는 여자의 입술에서는 꿀이 떨어지고, 그 말은 기름보다 매끄럽지만,

4 그것이 나중에는 쑥처럼 쓰고, 두 날을 가진 칼처럼 날카롭다.

5 그 여자의 발은 죽을 곳으로 내려가고, 그 여자의 걸음은 스올로 치닫는다.

6 그 여자는 생명의 길을 지키지 못하며, 그 길이 불안정해도 그것을 깨닫지 못한다.

7 내 아들아, 이제 너희는 내 말을 잘 들어라. 내가 하는 말에서 벗어나지 말아라.

8 네 길에서 그 여자를 멀리 떨어져 있게 하여라. 그 여자의 집 문 가까이에도 가지 말아라.

9 그렇지 않으면, 네 영예가 다른 사람에게 넘어가고, 네 아까운 세월을 포학자들에게 빼앗길 것이다.

10 다른 사람이 네 재산으로 배를 불리고, 네가 수고한 것이 남의 집으로 돌아갈 것이다.

11 마침내 네 몸과 육체를 망친 뒤에, 네 종말이 올 때에야 한탄하며,

12 말하기를 "내가 어찌하여 훈계를 싫어하였던가? 내가 어찌하여 책망을 멸시하였던가?

13 내가 스승에게 순종하지 않고, 나를 가르쳐 주신 분에게 귀를 기울이지 않고 있다가,

14 온 회중이 보는 앞에서 이런 처절한 재난을 당하는구나!" 할 것이다.

15 너는 네 우물의 물을 마시고, 네 샘에서 솟아나는 물을 마셔라.

16 어찌하여 네 샘물을 바깥으로 흘러 보내며, 그 물줄기를 거리로 흘러 보내려느냐?

17 그 물은 너 혼자만의 것으로 삼고, 다른 사람들과 나누지 말아라.

18 네 샘이 복된 줄 알고, 네가 젊어서 맞은 아내와 더불어 즐거워하여라.

19 아내는 사랑스러운 암사슴, 아름다운 암노루, 그의 품을 언제나 만족스럽게 생각하고, 그의 사랑을 언제나 사모하여라.

20 내 아들아, 어찌하여 음행하는 여자를 사모하며, 부정한 여자의 가슴을 껴안겠느냐?

21 주님의 눈은 사람의 길을 지켜 보시며, 그 모든 길을 살펴보신다.

22 악인은 자기의 악에 걸리고, 자기 죄의 올무에 걸려 들어서,

23 훈계를 받지 않아서 죽고, 너무나 미련하여 길을 잃는다.

6장

어리석은 사람이 되지 말아라

1 아이들아, 네가 이웃을 도우려고 담보를 서거나, 남의 딱한 사정을 듣고 보증을 선다면,

2 네가 한 그 말에 네가 걸려 들고, 네가 한 그 말에 네가 잡힌다.

3 아이들아, 네가 너의 이웃의 손에 잡힌 것이니, 어서 그에게 가서 풀어 달라고 겸손히 간청하여라. 너는 이렇게 하여 자신을 구하여라.

4 잠을 자지도 말고, 졸지도 말고

5 노루가 사냥꾼의 손에서 벗어나듯, 새가 새 잡는 사람의 손에서 벗어나듯, 어서 벗어나서 너 자신을 구하여라.

6 게으른 사람아, 개미에게 가서, 그들이 사는 것을 살펴보고 지혜를 얻어라.

7 개미는 우두머리도 없고 지휘관도 없고 통치자도 없지만,

8 여름 동안 양식을 마련하고, 추수 때에 먹이를 모아 둔다.

9 게으른 사람아, 언제까지 누워 있으려느냐? 언제 잠에서 깨어 일어나려느냐?

10 "조금만 더 자야지, 조금만 더 눈을 붙여야지, 조금만 더 팔을 베고 누워 있어야지" 하면,

11 네게 가난이 강도처럼 들이닥치고, 빈곤이 방패로 무장한 용사처럼 달려들 것이다.

12 건달과 악인은 그릇된 말이나 하며 돌아다닌다.

13 그들은 눈짓과 발짓과 손짓으로 서로 신호를 하며,

14 그 비뚤어진 마음으로 항상 악을 꾀하며, 싸움만 부추긴다.

15 그러므로 갑자기 닥쳐오는 재앙을 만나, 순식간에 망하고, 회복되지 못한다.

16 주님께서 미워하시는 것, 주님께서 싫어하시는 것이 예닐곱 가지이다.

17 교만한 눈과 거짓말하는 혀와 무죄한 사람을 피 흘리게 하는 손과

18 악한 계교를 꾸미는 마음과 악한 일을 저지르려고 치닫는 발과,

19 거짓으로 증거하는 사람과, 친구 사이를 이간하는 사람이다.

부도덕에 대한 경고

20 아이들아, 아버지의 명령을 지키고, 어머니의 가르침을 저버리지 말아라.

21 그것을 항상 네 마음에 간직하며, 네 목에 걸고 다녀라.

22 네가 길을 갈 때 그것이 너를 인도하여 주며, 네가 잠잘 때에 너를 지켜 주고, 네가 깨면 너의 말벗이 되어 줄 것이다.

23 참으로 그 명령은 등불이요, 그 가르침은 빛이며, 그 훈계의 책망은 생명의 길이다.

24 이것이 너를 악한 여자에게서 지켜 주고, 음행하는 여자의 호리는 말에 네가 빠지지 않게 지켜 준다.

25 네 마음에 그런 여자의 아름다움을 탐내지 말고, 그 눈짓에 홀리지 말아라.

26 과연 창녀는 사람을 빵 한 덩이만 남게 만들며, 음란한 여자는 네 귀중한 생명을 앗아간다.

27 불을 가슴에 안고 다니는데 옷이 타지 않을 수 있겠느냐?

28 숯불 위를 걸어 다니는데 발이 성할 수 있겠느냐?

29 남의 아내와 간통하는 자가 이렇다. 남의 아내를 범하고서도 어찌 무사하기를 바라겠느냐?

30 도둑이 다만 허기진 배를 채우려고 훔쳤다면, 사람들은 그 도둑을 멸시하지 않을 것이다.

31 그래도 훔치다 들키면 일곱 배를 갚아야 하고, 심하면 자기 집에 있는 모든 재산을 다 내주어야 할 것이다.

32 남의 아내와 간음하는 사람은 생각이 모자라는 사람이다. 자기 영혼을 망치려는 사람만이 그런 일을 한다.

33 그는 매를 맞고 창피를 당할 것이니, 그 수치를 절대로 씻을 수 없을 것이다.

34 그의 남편이 질투에 불타서 복수하는 날, 조금도 동정하여 주지 않을 것이다.

35 어떤 보상도 거들떠보려고 하지 않을 것이며, 아무리 많은 위자료를 가져다 주어도 받으려 하지 않을 것이다.

7장

불신실한 자의 어리석음

1 아이들아, 내 말을 지키고, 내 명령을 너의 마음 속 깊이 간직하여라.

2 내 명령을 지켜서 잘 살고 내 교훈을 너의 눈동자를 보호하듯 지켜라.

3 그것을 너의 손가락에 매고, 네 마음 속 깊이 새겨 두어라.

4 지혜에게는 "너는 내 누이"라고 말하고, 명철에게는 "너는 내 친구"라고 불러라.

5 그러면 그것이 너를 음행하는 여자로부터 지켜 주고, 달콤한 말로 호리는 외간 여자로부터 지켜 줄 것이다.

부도덕한 여인

6 나는, 나의 집 창가에서 창살문으로 내다보다가,

7 어수룩한 젊은이들 가운데, 지혜 없는 젊은이가 있는 것을 보았다.

8 그는 거리를 지나 골목 모퉁이로 가까이 가서, 그 여자의 집으로 가는 길로 발걸음을 옮겼다.

9 저녁이 되어 땅거미가 지고, 밤이 되어 어두워진 때였다.

10 한 여자가 창녀 옷을 입고서, 교활한 마음을 품고 그에게 다가갔다.

11 그 여자는 마구 떠들며, 예의 없이 굴며, 발이 집에 머물러 있지를 못한다.

12 때로는 이 거리에서, 때로는 저 광장에서, 길목마다 몸을 숨기고 있다가,

13 그 젊은이를 와락 붙잡고 입을 맞추며, 뻔뻔스러운 얼굴로 그에게 말하였다.

14 "오늘 나는 화목제를 드려서, 서원한 것을 실행하였습니다.

15 그래서 나는 당신을 맞으러 나왔고, 당신을 애타게 찾다가, 이렇게 만나게 되었습니다.

16 내 침대에는 요도 깔아 놓았고, 이집트에서 만든 무늬 있는 이불도 펴놓았습니다.

17 누울 자리에는 몰약과 침향과 육계향을 뿌려 두었습니다.

18 자, 어서 가서 아침이 되도록 한껏 사랑에 빠지고, 서로 사랑하면서 즐깁시다.

19 남편도 먼 여행길을 떠나서 집에 없습니다.

20 돈주머니를 가지고 갔으니, 보름달이 뜰 때라야 집에 돌아올 겁니다."

21 이렇게 여러 가지 달콤한 말로 유혹하고 호리는 말로 꾀니,

22 그는 선뜻 이 여자의 뒤를 따라 나섰다. 마치 도살장으로 끌려가는 소와도 같고, 올가미에 채이러 가는 어리석은 사람과도 같다.

23 마치 자기 목숨을 잃는 줄도 모르고 그물 속으로 쏜살같이 날아드는 새와 같으니, 마침내 화살이 그의 간을 꿰뚫을 것이다.

24 아이들아, 이제 너희는 나의 말을 잘 들어라. 내가 하는 말을 명심하여라.

25 네 마음이 그 여자가 가는 길로 기울지 않게 하고, 그 여자가 가는 길로 빠져 들지 않게 하여라.

26 그 여자에게 상처를 입고 쓰러진 사람이 많고, 그 여자 때문에 죽은 남자도 헤아릴 수 없이 많다.

27 그런 여자의 집은 스올로 트인 길이며, 죽음의 안방으로 내려가는 길이다.

8장

지혜 찬양

1 지혜가 부르고 있지 않느냐? 명철이 소리를 높이고 있지 않느냐?

2 지혜가 길가의 높은 곳과, 네거리에 자리를 잡고 서 있다.

3 마을 어귀 성문 곁에서, 여러 출입문에서 외친다.

4 "사람들아, 내가 너희를 부른다. 내가 모두에게 소리를 높인다.

5 어수룩한 사람들아, 너희는 명철을 배워라. 미련한 사람들아, 너희는 지혜를 배워라.

6 너희는 들어라. 나는 옳은 말만 하고, 내 입술로는 바른 말만 한다.

7 내 입은 진실을 말하며, 내 입술은 악을 싫어한다.

8 내가 하는 말은 모두 의로운 것뿐이며, 거기에는 비뚤어지거나 그릇된 것이 없다.

9 총명이 있는 사람은 이 모든 말을 옳게 여기고, 지식이 있는 사람은 이 모든 말을 바르게 여긴다.

10 너희는 은을 받기보다는 내 훈계를 받고, 금을 선택하기보다는 지식을 선택하여라.

11 참으로 지혜는 진주보다 좋으며, 네가 갖고 싶어하는 그 어떤 것도 이것과 비교할 수 없다."

지혜가 하는 말

12 "나 지혜는 명철로 주소를 삼으며, 지식과 분별력을 가지고 있다.

13 주님을 경외하는 것은 악을 미워하는 것이다. 나는 교만과 오만, 악한 행실과 거짓된 입을 미워한다.

14 내게는 지략과 건전한 지혜가 있으며, 명철과 능력이 있다.

15 내 도움으로 왕들이 통치하며, 고관들도 올바른 법령을 내린다.

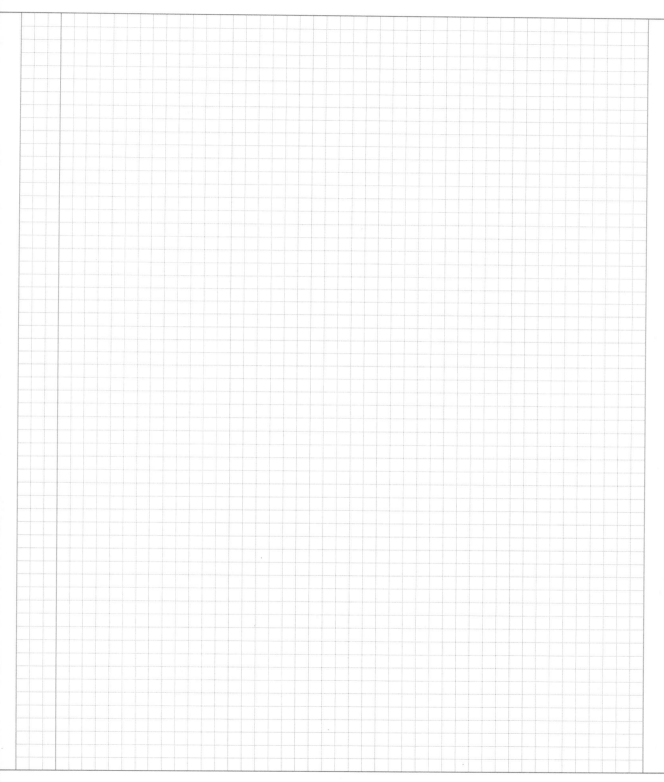

16 내 도움으로 지도자들이 바르게 다스리고, 고관들 곧 공의로 재판하는 자들도 올바른 판결을 내린다.

17 나는, 나를 사랑하는 사람을 사랑하며, 나를 간절히 찾는 사람을 만나 준다.

18 부귀와 영화도 내게 있으며, 든든한 재물과 의도 내게 있다.

19 내가 맺어 주는 열매는 금이나 순금보다 좋고, 내가 거두어 주는 소출은 순은보다 좋다.

20 나는 의로운 길을 걸으며, 공의로운 길 한가운데를 걷는다.

21 나를 사랑하는 사람에게는 내가 재물을 주어서, 그의 금고가 가득 차게 하여 줄 것이다.

22 주님께서 일을 시작하시던 그 태초에, 주님께서 모든 것을 지으시기 전에, 이미 주님께서는 나를 데리고 계셨다.

23 영원 전, 아득한 그 옛날, 땅도 생기기 전에, 나는 이미 세움을 받았다.

24 아직 깊은 바다가 생기기도 전에, 물이 가득한 샘이 생기기도 전에, 나는 이미 태어났다.

25 아직 산의 기초가 생기기 전에, 언덕이 생기기 전에, 나는 이미 태어났다.

26 주님께서 아직 땅도 들도 만들지 않으시고, 세상의 첫 흙덩이도 만들지 않으신 때이다.

27 주님께서 하늘을 제자리에 두시며, 깊은 바다 둘레에 경계선을 그으실 때에도, 내가 거기에 있었다.

28 주님께서 구름 떠도는 창공을 저 위 높이 달아매시고, 깊은 샘물을 솟구치게 하셨을 때에,

29 바다의 경계를 정하시고, 물이 그분의 명을 거스르지 못하게 하시고, 땅의 기초를 세우셨을 때에,

30 나는 그분 곁에서 창조의 명공이 되어, 날마다 그분을 즐겁게 하여 드리고, 나 또한 그분 앞에서 늘 기뻐하였다.

31 그분이 지으신 땅을 즐거워하며, 그분이 지으신 사람들을 내 기쁨으로 삼았다.

32 그러므로 아이들아, 이제 내 말을 들어라. 내 길을 따르는 사람이 복이 있다.

33 내 훈계를 들어서 지혜를 얻고, 그것을 무시하지 말아라.

34 날마다 나의 문을 지켜 보며, 내 문설주 곁에 지키고 서서, 내 말을 듣는 사람은 복이 있다.

35 나를 얻는 사람은 생명을 얻고, 주님께로부터 은총을 받을 것이다.

36 그러나 나를 놓치는 사람은 자기 생명을 해치는 사람이며, 나를 미워하는 사람은 죽음을 사랑하는 사람이다."

9장

지혜와 어리석음

1 지혜가 일곱 기둥을 깎아 세워서 제 집을 짓고,

2 짐승을 잡고, 포도주를 잘 빚어서, 잔칫상을 차린 다음에,

3 시녀들을 보내어, 성읍 높은 곳에서 외치게 하였다.

4 "어수룩한 사람은 누구나 이리로 발길을 돌려라." 지각이 모자라는 사람도 초청하라고 하였다.

5 "와서 내가 차린 음식을 먹고, 내가 잘 빚은 포도주를 마셔라.

6 어수룩한 길을 내버리고, 생명을 얻어라. 명철의 길을 따라가거라" 하였다.

참 지혜

7 거만한 사람을 훈계하면 수치를 당할 수 있고, 사악한 사람을 책망하면 비난을 받을 수 있다.

8 거만한 사람을 책망하지 말아라. 그가 너를 미워할까 두렵다. 지혜로운 사람은 꾸짖어라. 그가 너를 사랑할 것이다.

9 지혜로운 사람은 훈계를 할수록 더욱 지혜로워지고 의로운 사람은 가르칠수록 학식이 더할 것이다.

10 주님을 경외하는 것이 지혜의 근본이요, 거룩하신 이를 아는 것이 슬기의 근본이다.

11 나 지혜로 말미암아 네가 오래 살 것이요, 네 수명도 길어질 것이다.

12 네가 지혜로우면 그 지혜가 네게 유익하지만, 네가 거만하면 그 거만이 너만 해롭게 할 것이다.

어리석은 여자

13 어리석은 여자는 수다스럽다. 지각이 없으니, 아는 것이 아무것도 없다.

14 그러한 여자는 자기 집 문 앞에 앉거나, 마을 높은 곳에 앉아서,

15 제 갈길만 바쁘게 가는 사람에게

16 "어수룩한 사람은 누구나 이리로 발길을 돌려라" 하고 소리친다. 지각이 모자라는 사람에게도 이르기를

17 "훔쳐서 마시는 물이 더 달고, 몰래 먹는 빵이 더 맛있다"하고 말한다.

18 그런데도 어리석은 사람은, 죽음의 그늘이 바로 그 곳에 드리워져 있다는 것을 모른다. 그 여자를 찾아온 사람마다 이미 스올의 깊은 곳에 가 있다는 것을, 그 어리석은 사람은 알지 못한다.

10장

솔로몬의 잠언

1 이것은 솔로몬의 잠언이다. 지혜로운 아들은 아버지를 기쁘게 하지만, 미련한 아들은 어머니의 근심거리이다.

2 부정하게 모은 재물은 쓸모가 없지만, 의리는 죽을 사람도 건져낸다.

3 주님은 의로운 생명은 주리지 않게 하시지만, 악인의 탐욕은 물리치신다.

4 손이 게으른 사람은 가난하게 되고 손이 부지런한 사람은 부유하게 된다.

5 곡식이 익었을 때에 거두어들이는 아들은 지혜가 있는 아들이지만, 추수 때에 잠만 자고 있으면, 부끄러운 아들이다.

6 의인은 머리에 복을 이고 있으나, 악인은 입에 독을 머금고 있다.

7 의인은 칭찬을 받으며 기억되지만, 악인은 그 이름마저 기억에서 사라진다.

8 마음이 지혜로운 사람은 명령을 받아들이지만, 입을 어리석게 놀리는 사람은 멸망한다.

9 흠 없이 살면 앞길이 평안하지만, 그릇되게 살면 마침내 드러나게 된다.

10 눈을 흘기면 고난이 생기고, 입을 어리석게 놀리는 사람은 멸망한다.

11 의인의 입은 생명의 샘이지만, 악인의 입은 독을 머금고 있다.

12 미움은 다툼을 일으키지만, 사랑은 모든 허물을 덮어 준다.

13 명철한 사람의 입술에는 지혜가 있지만, 지혜가 없는 사람의 등에는 매가 떨어진다.

14 지혜로운 사람은 지식을 간직하지만, 미련한 사람의 입은 멸망을 재촉한다.

15 부자의 재산은 그의 견고한 성이 되지만, 가난한 사람의 빈곤은 그를 망하게 한다.

16 의인의 수고는 생명에 이르고, 악인의 소득은 죄에 이른다.

17 훈계를 지키는 사람은 생명의 길에 이르지만, 책망을 저버리는 사람은 잘못된 길로 들어선다.

18 미움을 감추는 사람은 거짓말 하는 사람이요, 남을 중상하는 사람은 미련한 사람이다.

19 말이 많으면 허물을 면하기 어려우나, 입을 조심하는 사람은 지혜가 있다.

20 의인의 혀는 순수한 은과 같지만, 악인의 마음은 아무 가치가 없다.

21 의인의 입술은 많은 사람을 먹여 살리지만, 어리석은 사람은 생각 없이 살다가 죽는다.

22 주님께서 복을 주셔서 부유하게 되는 것인데, 절대로 근심을 곁들여 주시지 않는다.

23 미련한 사람은 나쁜 일을 저지르는 데서 낙을 누리지만, 명철한 사람은 지혜에서 낙을 누린다.

24 악인에게는 두려워하는 일이 닥쳐오지만, 의인에게는 바라는 일이 이루어진다.

25 회오리바람이 지나가면, 악인은 없어져도, 의인은 영원한 기초처럼 꼼짝하지 않는다.

26 게으른 사람은 부리는 사람에게, 이에 초 같고, 눈에 연기 같다.

27 주님을 경외하면 장수를 누리지만, 악인의 수명은 짧아진다.

28 의인의 희망은 기쁨을 거두지만, 악인의 희망은 끊어진다.

29 주님의 도가 정직한 사람에게는 힘이 되지만, 악행을 하는 사람에게는 멸망이 된다.

30 의인은 영원히 흔들리지 않지만, 악인은 땅에서 배겨내지 못한다.

31 의인의 입에서는 지혜가 나오지만, 거짓말하는 혀는 잘릴 것이다.

32 의인의 입술은 남을 기쁘게 하는 말이 무엇인지 알지만, 악인의 입은 거짓을 말할 뿐이다.

11장

언행을 조심하라

1 속이는 저울은 주님께서 미워하셔도, 정확한 저울추는 주님께서 기뻐하신다.

2 교만한 사람에게는 수치가 따르지만, 겸손한 사람에게는 지혜가 따른다.

3 정직한 사람은 성실하게 살아, 바른길로 가지만, 사기꾼은 속임수를 쓰다가 제 꾀에 빠져 멸망한다.

4 재물은 진노의 날에 쓸모가 없지만, 의리는 죽을 사람도 건져낸다.

5 흠 없는 사람은 그의 옳은 행실로 그가 사는 길을 곧게 하지만, 악한 사람은 자신의 악 때문에 쓰러진다.

6 정직한 사람의 옳은 행실은 그를 구원하지만, 반역하는 사람은 제 욕심에 걸려 넘어진다.

7 악인은 죽을 때에 그들의 희망도 함께 끊어지고, 불의에 걸었던 기대도 물거품이 된다.

8 의인은 재난에 빠져도 구원을 받지만, 악인은 오히려 재난 속으로 빠져들어간다.

9 하나님을 경외하지 않는 사람은 입으로 이웃을 망하게 하지만, 의인은 지식으로 구원을 얻는다.

10 의인이 잘 되면 마을이 기뻐하고, 악인이 망하면 마을이 환호한다.

11 정직한 사람이 축복하면 마을이 흥하고, 악한 사람이 입을 열면 마을이 망한다.

12 지혜가 없는 사람은 이웃을 비웃지만, 명철한 사람은 침묵을 지킨다.

13 험담하며 돌아다니는 사람은 남의 비밀을 새게 하지만, 마음이 믿음직한 사람은 비밀을 지킨다.

14 지도자가 없으면 백성이 망하지만, 참모가 많으면 평안을 누린다.

15 모르는 사람의 보증을 서면 고통을 당하지만, 보증 서기를 거절하면 안전하다.

16 덕이 있는 여자는 존경을 받고, 부지런한 남자는 재물을 얻는다.

17 인자한 사람은 자기의 생명을 이롭게 하고, 잔인한 사람은 자기의 몸을 해친다.

18 악인에게 돌아오는 삯은 헛것이지만, 정의를 심는 사람은 참 보상을 받는다.

19 정의에 굳게 서는 사람은 생명에 이르지만, 악을 따르는 사람은 죽음에 이른다.

20 주님은 마음이 비뚤어진 사람은 미워하시지만, 올바른 길을 걷는 사람은 기뻐하신다.

21 악인은 틀림없이 벌을 받지만, 의인의 자손은 반드시 구원을 받는다.

22 아름다운 여인이 삼가지 아니하는 것은 돼지코에 금고리 격이다.

23 의인이 바라는 것은 좋은 일뿐이지만, 악인이 기대할 것은 진노뿐이다.

24 남에게 나누어 주는데도 더욱 부유해지는 사람이 있는가 하면, 마땅히 쓸 것까지 아끼는데도 가난해지는 사람이 있다.

25 남에게 베풀기를 좋아하는 사람이 부유해 지고, 남에게 마실 물을 주면, 자신도 갈증을 면한다.

26 곡식을 저장하여 두기만 하는 사람은 백성에게 저주를 받고, 그것을 내어 파는 사람에게는 복이 돌아온다.

27 좋은 일을 애써 찾으면 은총을 받지만, 나쁜 일을 애써 추구하면 나쁜 것을 되받는다.

28 자기의 재산만을 믿는 사람은 넘어지지만, 의인은 푸른 나뭇잎처럼 번성한다.

29 자기 집을 해치는 사람은 바람만 물려받을 것이요, 어리석은 사람은 마음이 지혜로운 사람의 종이 될 것이다.

30 의인이 받는 열매는 생명의 나무요, 폭력을 쓰는 사람은 생명을 잃는다.

31 의인이 이 땅에서 한 대로 보상을 받는데, 악인과 죄인이 그 값을 치르지 않겠는가?

12장

악의 그늘에 못 숨는다

1 훈계받기를 좋아하는 사람은 지식을 사랑하지만, 책망받기를 싫어하는 사람은 짐승같이 우둔하다.

2 선한 사람은 주님으로부터 은총을 받지만, 악을 꾀하는 사람은 정죄를 받는다.

3 사람은 악행으로 터를 굳게 세울 수 없지만, 의인의 뿌리는 흔들리지 않는다.

4 어진 아내는 남편의 면류관이지만, 욕을 끼치는 아내는 남편의 뼛속을 썩게 한다.

5 의인의 생각은 곧지만, 악인의 궁리는 속임수뿐이다.

6 악인이 하는 말은 피 흘릴 음모뿐이지만, 정직한 사람의 말은 사람을 구하여 낸다.

7 악인은 쓰러져서 사라지지만, 의인의 집은 든든히 서 있다.

8 사람은 그 지혜대로 칭찬을 받지만 마음이 비뚤어진 사람은 멸시를 받는다.

9 업신여김을 받더라도 종을 부리는 사람은, 스스로 높은 체하면서 먹을 빵이 없는 사람보다 낫다.

10 의인은 집짐승의 생명도 돌보아 주지만, 악인은 자비를 베푼다고 하여도 잔인하다.

11 밭을 가는 사람은 먹을 것이 넉넉하지만, 헛된 것을 꿈꾸는 사람은 지각이 없다.

12 악인은 불의한 이익을 탐하지만, 의인은 그 뿌리로 말미암아 열매를 맺는다.

13 악인은 입술을 잘못 놀려 덫에 걸리지만, 의인은 재난에서 벗어난다.

14 사람은 열매 맺는 말을 하여 좋은 것을 넉넉하게 얻으며, 자기가 손수 일한 만큼 되돌려 받는다.

15 어리석은 사람은 자신의 행실만이 옳다고 여기지만, 지혜로운 사람은 충고에 귀를 기울인다.

16 미련한 사람은 쉽게 화를 내지만, 슬기로운 사람은 모욕을 참는다.

17 진실을 말하는 사람은 정직한 증거를 보이지만, 거짓 증인은 속임수만 쓴다.

18 함부로 말하는 사람의 말은 비수 같아도, 지혜로운 사람의 말은 아픈 곳을 낫게 하는 약이다.

19 진실한 말은 영원히 남지만, 거짓말은 한순간만 통할 뿐이다.

20 악을 꾀하는 사람의 마음에는 속임수가 들어 있지만, 평화를 꾀하는 사람에게는 기쁨이 있다.

21 의인은 아무런 해도 입지 않지만, 악인은 재난에 파묻혀 산다.

22 주님은 거짓말을 하는 입술은 미워하시지만, 진실하게 사는 사람은 기뻐하신다.

23 슬기로운 사람은 지식을 감추어 두어도, 미련한 사람의 마음은 어리석음을 전파한다.

24 부지런한 사람의 손은 남을 다스리지만, 게으른 사람은 남의 부림을 받는다.

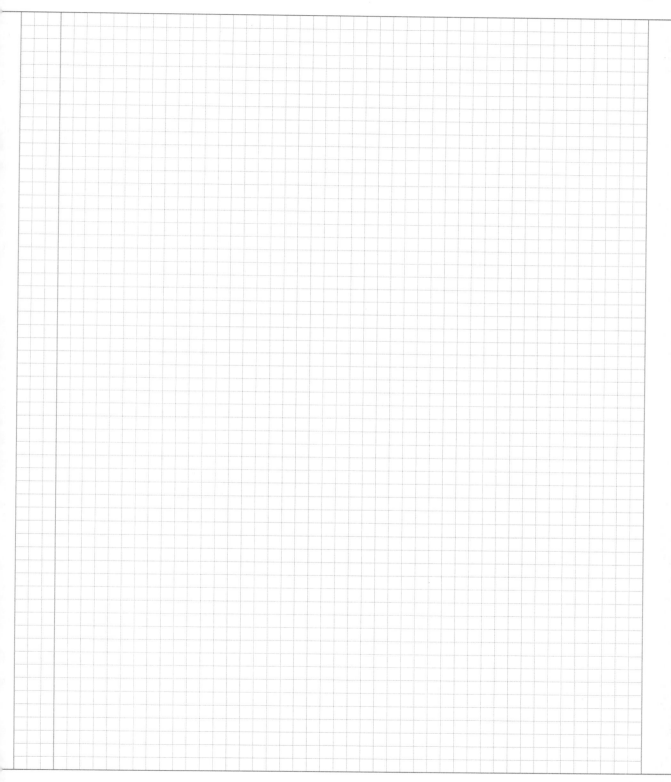

25 마음에 근심이 있으면 번민이 일지만, 좋은 말 한 마디로도 사람을 기쁘게 할 수 있다.

26 의인은 이웃에게 바른길을 보여 주지만, 악인은 이웃을 나쁜 길로 빠져 들게 한다.

27 게으른 사람은 사냥한 것도 불에 구우려 하지 않지만, 부지런한 사람은 귀한 재물을 얻는다.

28 의로운 사람의 길에는 생명이 있지만, 미련한 사람의 길은 죽음으로 이끈다.

13장

지혜 있는 친구를 사귀어라

1 지혜로운 아들딸들은 아버지의 가르침을 듣지만, 거만한 사람은 꾸지람을 듣지 않는다.

2 선한 사람은 열매 맺는 말을 하여 좋은 것을 넉넉하게 얻지만, 반역자는 폭행을 당할 뿐이다.

3 말을 조심하는 사람은 자신의 생명을 보존하지만, 입을 함부로 여는 사람은 자신을 파멸시킨다.

4 게으른 사람은 아무리 바라는 것이 있어도 얻지 못하지만, 부지런한 사람의 마음은 바라는 것을 넉넉하게 얻는다.

5 의인은 거짓말하기를 싫어하지만, 악인은 염치도 없이 수치스러운 일을 한다.

6 흠 없이 사는 사람의 의는 그의 길을 지켜 주지만, 죄인의 악은 그를 망하게 한다.

7 부자인 체하나 아무것도 없는 사람이 있는가 하면, 가난한 체하나 많은 재물을 가진 사람이 있다.

8 부유한 사람은 재물로 자기 목숨을 속하기도 하지만, 가난한 사람은 협박을 받을 일이 없다.

9 의인의 빛은 밝게 빛나지만, 악인의 등불은 꺼져 버린다.

10 교만에서는 다툼만 일어날 뿐이다. 지혜 있는 사람은 충고를 받아들인다.

11 쉽게 얻은 재산은 줄어드나, 손수 모은 재산은 늘어난다.

12 소망이 이루어지지 않으면 마음이 병들지만, 소원이 이루어지면 생명나무를 얻는다.

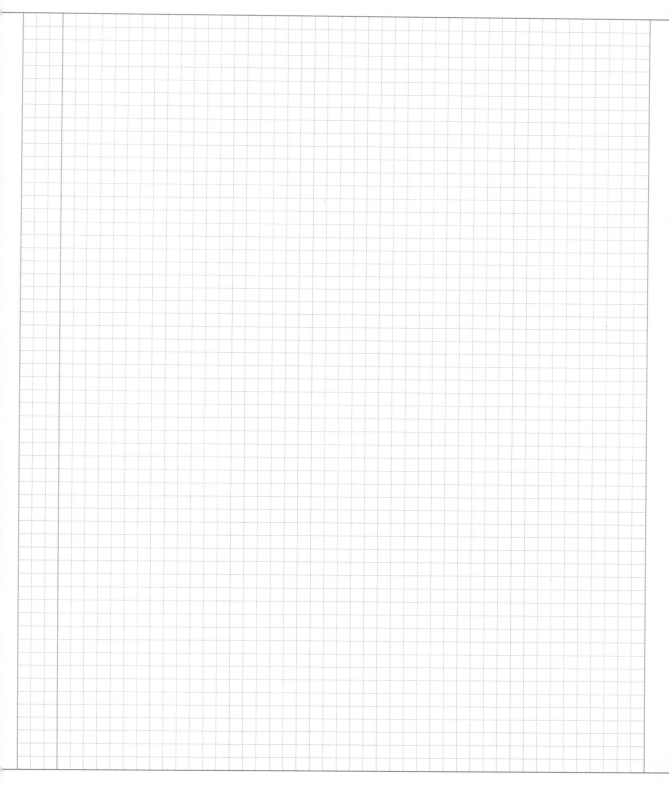

13 말씀을 멸시하는 사람은 스스로 망하지만, 계명을 두려워하는 사람은 상을 받는다.

14 지혜 있는 사람의 가르침은 생명의 샘이니, 죽음의 그물에서 벗어나게 한다.

15 선한 지혜는 은혜를 베푸나, 배신자의 길은 스스로 멸망하는 길이다.

16 영리한 사람은 잘 알고 행동하지만, 미련한 사람은 어리석음만을 드러낸다.

17 못된 전령은 사람을 재앙에 빠지게 하지만, 충직한 사신은 재앙을 물리치는 일을 한다.

18 훈계를 저버리면 가난과 수치가 닥치지만, 꾸지람을 받아들이면 존경을 받는다.

19 소원이 이루어지면 마음이 즐겁지만, 미련한 사람은 악에서 떠나기를 싫어한다.

20 지혜로운 사람과 함께 다니면 지혜를 얻지만, 미련한 사람과 사귀면 해를 입는다.

21 죄인에게는 재앙이 따르지만, 의인에게는 좋은 보상이 따른다.

22 선한 사람의 유산은 자손 대대로 이어지지만, 죄인의 재산은 의인에게 주려고 쌓은 것이다.

23 가난한 사람이 경작한 밭에서는 많은 소출이 날 수도 있으나, 불의가 판을 치면 그에게 돌아갈 몫이 없다.

24 매를 아끼는 것은 자식을 사랑하지 않는 것이다. 자식을 사랑하는 사람은 훈계를 게을리하지 않는다.

25 의인은 배불리 먹지만, 악인은 배를 주린다.

14장

지혜가 주는 유익

1 지혜로운 여자는 집을 세우지만, 어리석은 여자는 제 손으로 집을 무너뜨린다.

2 바른길을 걷는 사람은 주님을 경외하지만, 그릇된 길을 걷는 사람은 주님을 경멸한다.

3 미련한 사람의 말은 교만하여 매를 자청하지만, 지혜로운 사람의 말은 그를 지켜준다.

4 소가 없으면 구유는 깨끗하지만, 소가 힘을 쓰면 소출이 많아진다.

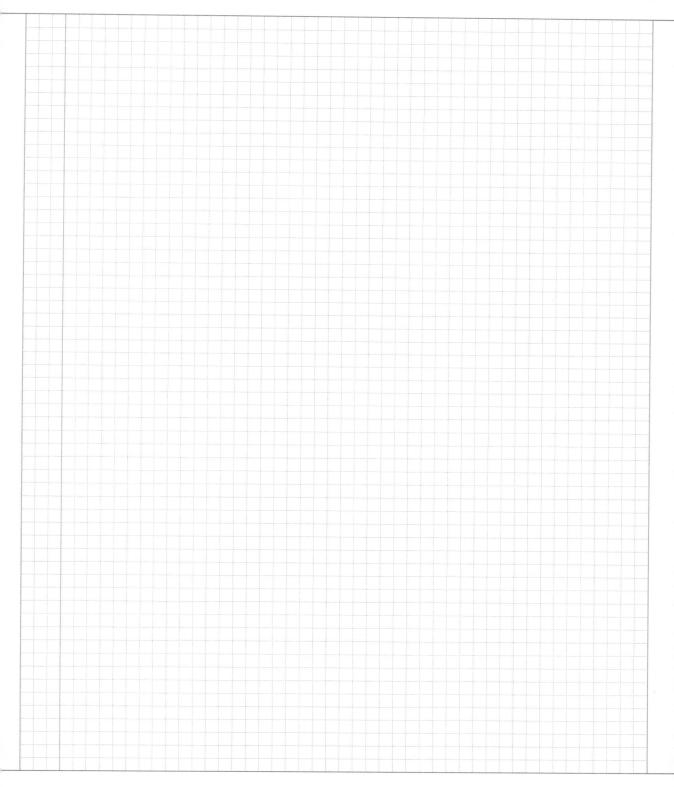

5 진실한 증인은 거짓말을 아니하여도, 거짓 증인은 거짓말을 뱉는다.

6 거만한 사람은 지혜를 구해도 얻지 못하지만, 명철한 사람은 쉽게 지식을 얻는다.

7 미련한 사람의 앞을 떠나라. 네가 그의 말에서 지식을 배우지 못할 것이다.

8 슬기로운 사람의 지혜는 자기가 가는 길을 깨닫게 하지만, 미련한 사람의 어리석음은 자기를 속인다.

9 어리석은 사람은 속죄제사를 우습게 여기지만, 정직한 사람은 하나님의 은총을 누린다.

10 마음의 고통은 자기만 알고, 마음의 기쁨도 남이 나누어 가지지 못한다.

11 악한 사람의 집은 망하고, 정직한 사람의 장막은 흥한다.

12 사람의 눈에는 바른길 같이 보이나, 마침내는 죽음에 이르는 길이 있다.

13 웃어도 마음이 아플 때가 있고, 즐거워도 끝에 가서 슬플 때가 있다.

14 마음이 비뚤어진 사람은 자기가 한 만큼 보응을 받고, 선한 사람도 자기가 한 만큼 보응을 받는다.

15 어수룩한 사람은 모든 말을 다 믿지만, 슬기로운 사람은 행동을 삼간다.

16 지혜 있는 사람은 두려워할 줄 알아서 악을 피하지만, 미련한 사람은 자신만만해서 조심할 줄을 모른다.

17 성을 잘 내는 사람은 어리석은 일을 하고, 음모를 꾸미는 사람은 미움을 받는다.

18 어수룩한 사람은 어수룩함을 유산으로 삼지만, 슬기로운 사람은 지식을 면류관으로 삼는다.

19 악인은 선한 사람 앞에 엎드리고, 불의한 사람은 의인의 문 앞에 엎드린다.

20 가난한 사람은 이웃에게도 미움을 받지만, 부자에게는 많은 친구가 따른다.

21 이웃을 멸시하는 사람은 죄를 짓는 사람이지만, 가난한 사람에게 은혜를 베푸는 사람은 복이 있는 사람이다.

22 악을 꾀하는 사람은 길을 잘못 가는 것이나, 선을 계획하는 사람은 인자와 진리를 얻는다.

23 모든 수고에는 이득이 있는 법이지만, 말이 많으면 가난해질 뿐이다.

24 지혜는 지혜 있는 사람의 면류관이지만 어리석음은 미련한 사람의 화환이다.

25 증인이 진실을 말하면 남의 생명을 건지지만, 증인이 위증을 하면 배신자가 된다.

26 주님을 경외하면 강한 믿음이 생기고, 그 자식들에게도 피난처가 생긴다.

27 주님을 경외하는 것이 생명의 샘이니, 죽음의 그물에서 벗어나게 한다.

28 백성이 많은 것은 왕의 영광이지만, 백성이 적은 것은 통치자의 몰락이다.

29 좀처럼 성을 내지 않는 사람은 매우 명철한 사람이지만, 성미가 급한 사람은 어리석음만을 드러낸다.

30 마음이 평안하면 몸에 생기가 도나, 질투를 하면 뼈까지 썩는다.

31 가난한 사람을 억압하는 것은 그를 지으신 분을 모욕하는 것이지만, 궁핍한 사람에게 은혜를 베푸는 것은 그를 지으신 분을 공경하는 것이다.

32 악한 사람은 자기의 악행 때문에 넘어지지만, 의로운 사람은 죽음이 닥쳐도 피할 길이 있다.

33 지혜는 명철한 사람의 마음에 머물고, 미련한 사람 마음에는 알려지지 않는다.

34 정의는 나라를 높이지만, 죄는 민족을 욕되게 한다.

35 슬기로운 신하는 왕의 총애를 받지만, 수치스러운 일을 하는 신하는 왕의 분노를 산다.

15장

주님께서 보고 계신다

1 부드러운 대답은 분노를 가라앉히지만, 거친 말은 화를 돋운다.

2 지혜로운 사람의 혀는 좋은 지식을 베풀지만, 미련한 사람의 입은 어리석은 말만 쏟아낸다.

3 주님의 눈은 어느 곳에서든지, 악한 사람과 선한 사람을 모두 지켜 보신다.

4 따뜻한 말은 생명나무와 같지만, 가시돋힌 말은 마음을 상하게 한다.

5 어리석은 사람은 자기 아버지의 훈계를 업신여기지만, 명철한 사람은 아버지의 책망을 간직한다.

6 의인의 집에는 많은 재물이 쌓이나, 악인의 소득은 고통을 가져 온다.

7 지혜로운 사람의 입술은 지식을 전파하지만, 미련한 사람의 마음에는 그러한 생각 이 없다.

8 악한 사람의 제사는 주님께서 역겨워하시지만, 정직한 사람의 기도는 주님께서 기 뻐하신다.

9 악한 사람의 길은 주님께서 싫어하시지만, 정의를 따르는 사람은 주님께서 사랑하 신다.

10 옳은길을 저버리는 사람은 엄한 징계를 받고, 책망을 싫어하는 사람은 죽임을 당 할 것이다.

11 '죽음'과 '파멸'도 주님 앞에서 드러나거늘, 사람의 마음이야 더욱 그러하지 않겠 는가!

12 거만한 사람은 자기를 책망하는 사람을 좋아하지 않으며, 지혜 있는 사람을 찾아 가지도 않는다.

13 즐거운 마음은 얼굴을 밝게 하지만, 근심하는 마음은 너를 상하게 한다.

14 명철한 사람의 마음은 지식을 찾지만, 미련한 사람의 입은 어리석음을 즐긴다.

15 고난받는 사람에게는 모든 날이 다 불행한 날이지만, 마음이 즐거운 사람에게는 모든 날이 잔칫날이다.

16 재산이 적어도 주님을 경외하며 사는 것이, 재산이 많아서 다투며 사는 것보다 낫다.

17 서로 사랑하며 채소를 먹고 사는 것이, 서로 미워하며 기름진 쇠고기를 먹고 사는 것보다 낫다.

18 화를 쉽게 내는 사람은 다툼을 일으키지만, 성을 더디 내는 사람은 싸움을 그치게 한다.

19 게으른 사람의 길은 가시덤불로 덮여 있는 것 같지만, 부지런한 사람의 길은 확 트 인 큰길과 같다.

20 지혜로운 아들은 아버지를 기쁘게 하지만, 미련한 아들은 어머니를 업신여긴다.

21 생각이 모자라는 사람은 미련함을 즐기지만, 명철한 사람은 길을 바로 걷는다.

22 의논 없이 세워진 계획은 실패하지만, 조언자들이 많으면 그 계획이 이루어진다.

23 적절한 대답은 사람을 기쁘게 하니, 알맞은 말이 제때에 나오면 참 즐겁다.

24 슬기로운 사람이 걷는 생명의 길은 위쪽으로 나 있어서, 아래로 난 스올 길을 벗어난다.

25 주님은 거만한 사람의 집을 헐어 버리시지만, 과부가 사는 곳의 경계선은 튼튼히 세워 주신다.

26 악한 사람의 꾀는 주님께서 역겨워하시지만, 친절한 사람의 말은 정결한 제물처럼 받으신다.

27 불의한 이익을 탐내는 사람은 자기 집에 해를 끼치지만, 뇌물을 거절하는 사람은 오래 산다.

28 의인의 마음은 대답할 말을 깊이 생각하지만, 악인의 입은 악한 말을 쏟아낸다.

29 주님은 악인을 멀리하시지만, 의인의 기도는 들어주신다.

30 밝은 얼굴은 사람을 기쁘게 하고, 좋은 소식은 사람을 낫게 한다.

31 목숨을 살리는 책망에 귀 기울이는 사람은 지혜로운 사람들 사이에 자리를 잡는다.

32 훈계를 싫어하는 사람은 자기 생명을 가볍게 여기는 사람이지만, 책망을 잘 듣는 사람은 지식을 얻는 사람이다.

33 주님을 경외하라는 것은 지혜가 주는 훈계이다. 겸손하면 영광이 따른다.

16장

주님께서 결정하신다

1 계획은 사람이 세우지만, 결정은 주님께서 하신다.

2 사람의 행위는 자기 눈에는 모두 깨끗하게 보이나, 주님께서는 속마음을 꿰뚫어 보신다.

3 네가 하는 일을 주님께 맡기면, 계획하는 일이 이루어질 것이다.

4 주님께서는 모든 것을 그 쓰임에 알맞게 만드셨으니, 악인은 재앙의 날에 쓰일 것이다.

5 주님께서는 마음이 거만한 모든 사람을 역겨워하시니, 그들은 틀림없이 벌을 받을 것이다.

6 사람이 어질고 진실하게 살면 죄를 용서받고, 주님을 경외하면 재앙을 피할 수 있다.

7 사람의 행실이 주님을 기쁘시게 하면, 그의 원수라도 그와 화목하게 하여 주신다.

8 의롭게 살며 적게 버는 것이, 불의하게 살며 많이 버는 것보다 낫다.

9 사람이 마음으로 자기의 앞길을 계획하지만, 그 발걸음을 인도하시는 분은 주님이시다.

10 왕이 내리는 판결은 하나님의 판결이니, 판결할 때에 그릇된 판결을 내리지 않는다.

11 정확한 저울과 천평은 주님의 것이며, 주머니 속의 저울추도 다 그분이 만드신 것이다.

12 왕은 악행을 하는 것을 역겨워하여야 한다. 공의로만 왕위가 굳게 설 수 있기 때문이다.

13 왕은 공의로운 말을 하는 것을 기쁘게 여겨야 하고, 올바른 말하기를 좋아하여야 한다.

14 왕의 진노는 저승사자와 같지만, 지혜로운 사람은 왕의 진노를 가라앉힌다.

15 왕의 얼굴빛이 밝아야 모두 살 수 있다. 그의 기쁨은 봄비를 몰고 오는 구름과 같다.

16 지혜를 얻는 것이 금을 얻는 것보다 낫고, 명철을 얻는 것이 은을 얻는 것보다 낫다.

17 악을 떠나는 것은 정직한 사람이 가는 큰길이니, 그 길을 지키는 사람은 자기의 생명을 지킨다.

18 교만에는 멸망이 따르고, 거만에는 파멸이 따른다.

19 겸손한 사람과 어울려 마음을 낮추는 것이, 거만한 사람과 어울려 전리품을 나누는 것보다 낫다.

20 말씀에 따라 조심하며 사는 사람은 일이 잘 되고, 주님을 믿는 사람은 행복하다.

21 마음이 지혜로운 사람을 명철하다 한다. 말이 부드러우면, 더욱 많은 지혜를 가르친다.

22 명철한 사람에게는 그 명철함이 생명의 샘이 되지만, 어리석은 사람에게는 그 어리석음이 벌이 된다.

23 마음이 지혜로운 사람은 말을 신중하게 하고, 하는 말에 설득력이 있다.

24 선한 말은 꿀송이 같아서, 마음을 즐겁게 하여 주고, 쑤시는 뼈를 낫게 하여 준다.

25 사람의 눈에는 바른길 같이 보이나, 마침내는 죽음에 이르는 길이 있다.

26 허기진 배가 일하게 만들고 그 입이 사람을 몰아세운다.

27 불량한 사람은 악을 꾀한다. 그들의 말은 맹렬한 불과 같다.

28 비뚤어진 말을 하는 사람은 다툼을 일으키고, 중상하는 사람은 친한 벗들을 이간 시킨다.

29 폭력을 쓰는 사람은 그 이웃을 윽박질러서, 좋지 않은 길을 가게 한다.

30 눈짓을 하는 사람은 그릇된 일을 꾀하고, 음흉하게 웃는 사람은 악한 일을 저지른다.

31 백발은 영화로운 면류관이니, 의로운 길을 걸어야 그것을 얻는다.

32 노하기를 더디 하는 사람은 용사보다 낫고, 자기의 마음을 다스리는 사람은 성을 점령한 사람보다 낫다.

33 제비는 사람이 뽑지만, 결정은 주님께서 하신다.

17장

주님께서 우리의 생각을 살피신다

1 마른 빵 한 조각을 먹으며 화목하게 지내는 것이, 진수성찬을 가득히 차린 집에서 다투며 사는 것보다 낫다.

2 슬기로운 종은 부끄러운 일을 하는 주인집 아들을 다스리고, 그 집 자녀들과 함께 유산을 나누어 받는다.

3 도가니는 은을, 화덕은 금을 단련하지만, 주님께서는 사람의 마음을 단련하신다.

4 악을 행하는 사람은 사악한 말에 솔깃하고, 거짓말을 하는 사람은 중상하는 말에 귀를 기울인다.

5 가난한 사람을 조롱하는 것은 그를 지으신 분을 모욕하는 것이다. 남의 재앙을 기뻐하는 사람은 형벌을 면하지 못한다.

6 손자는 노인의 면류관이요, 어버이는 자식의 영광이다.

7 거만한 말이 미련한 사람에게는 안 어울린다. 하물며 거짓말이 통치자에게 어울리겠느냐?

8 뇌물을 쓰는 사람의 눈에는 뇌물이 요술방망이처럼 보인다. 어디에 쓰든 안 되는 일이 없다.

9 허물을 덮어 주면 사랑을 받고, 허물을 거듭 말하면 친구를 갈라놓는다.

10 미련한 사람을 백 번 매질하는 것보다 슬기로운 사람을 한 번 징계하는 것이 더 효과가 있다.

11 반역만을 꾀하는 악한 사람은 마침내 잔인한 사신의 방문을 받는다.

12 어리석은 일을 하는 미련한 사람을 만나느니, 차라리 새끼 빼앗긴 암곰을 만나라.

13 악으로 선을 갚으면, 그의 집에서 재앙이 떠나지 않는다.

14 다툼의 시작은 둑에서 물이 새어 나오는 것과 같으니, 싸움은 일어나기 전에 그만두어라.

15 악인을 의롭다고 하거나, 의인을 악하다고 하는 것은, 둘 다 주님께서 싫어하신다.

16 미련한 사람의 손에 돈이 있은들, 배울 마음이 없으니 어찌 지혜를 얻겠느냐?

17 사랑이 언제나 끊어지지 않는 것이 친구이고, 고난을 함께 나누도록 태어난 것이 혈육이다.

18 지각 없는 사람 서약 함부로 하고, 남의 빚 보증 잘 선다.

19 벌받기를 좋아하는 사람은 싸우기를 좋아한다. 패가망신을 원하는 사람은 집을 치장하기를 좋아한다.

20 마음이 비뚤어진 사람은 복을 얻지 못하고, 거짓말만 하는 혀를 가진 사람은 재앙에 빠진다.

21 미련한 자식을 둔 부모는 걱정이 그칠 새가 없고, 어리석은 자식을 둔 부모는 기쁨이 없다.

22 즐거운 마음은 병을 낫게 하지만, 근심하는 마음은 뼈를 마르게 한다.

23 악인은 가슴에 안겨 준 뇌물을 먹고서, 재판을 그르친다.

24 슬기로운 사람의 눈은 지혜를 가까이에서 찾지만, 미련한 사람은 눈을 땅 끝에 둔다.

25 미련한 자식은 아버지의 근심이고, 어머니의 고통이다.

26 의로운 사람을 벌주는 것은 옳은일이 아니다. 존귀한 사람을 정직하다고 하여 때리는 것도 바른일이 아니다.

27 아는 것이 많은 사람은 말을 삼가고, 슬기로운 사람은 정신이 냉철하다.

28 어리석은 사람도 조용하면 지혜로워 보이고, 입술을 다물고 있으면 슬기로워 보인다.

18장

죄를 옹호하는 것은 잘못이다

1 다른 사람과 어울리지 못하는 사람은 자기 욕심만 채우려 하고, 건전한 판단력을 가진 사람을 적대시한다.

2 미련한 사람은 명철을 좋아하지 않으며, 오직 자기 의견만을 내세운다.

3 악한 사람이 오면 멸시가 뒤따르고, 부끄러운 일 뒤에는 모욕이 따른다.

4 슬기로운 사람의 입에서 나오는 말은 깊은 물과 같고, 지혜의 샘은 세차게 흐르는 강처럼 솟는다.

5 악인을 두둔하는 것과 재판에서 의인을 억울하게 하는 일은 옳지 않다.

6 미련한 사람의 입술은 다툼을 일으키고, 그 입은 매를 불러들인다.

7 미련한 사람의 입은 자기를 망하게 만들고, 그 입술은 올무가 되어 자신을 옭아맨다.

8 헐뜯기를 잘하는 사람의 말은 맛있는 음식과 같아서, 뱃속 깊은 데로 내려간다.

9 자기 일을 게을리하는 자는, 일을 망치는 자와 형제간이다.

10 주님의 이름은 견고한 성루이므로, 의인이 그 곳으로 달려가면, 아무도 뒤쫓지 못한다.

11 부자의 재산은 그의 견고한 성이 되니, 그는 그것을 아무도 못 오를 높은 성벽처럼 여긴다.

12 사람의 마음이 오만하면 멸망이 뒤따르지만, 겸손하면 영광이 뒤따른다.

13 다 들어 보지도 않고 대답하는 것은, 수모를 받기에 알맞은 어리석은 짓이다.

14 사람이 정신으로 병을 이길 수 있다지만, 그 정신이 꺾인다면, 누가 그를 일으킬 수 있겠느냐?

15 명철한 사람의 마음은 지식을 얻고, 지혜로운 사람의 귀는 지식을 구한다.

16 선물은 사람이 가는 길을 넓게 열어 주고, 그를 높은 사람 앞으로 이끌어 준다.

17 송사에서는 먼저 말하는 사람이 옳은 것 같으나, 상대방이 와 보아야 사실이 밝혀진다.

18 제비를 뽑으면 다툼이 끝나고, 강한 사람들 사이의 논쟁이 판가름 난다.

19 노엽게 한 친척과 가까워지기는 견고한 성을 함락시키는 것보다 어려우니, 그 다툼은 마치 꺾이지 않는 성문의 빗장과 같다.

20 사람의 입에서 나오는 말의 열매가 사람의 배를 채워 주고, 그 입술에서 나오는 말의 결과로 만족하게 된다.

21 죽고 사는 것이 혀의 힘에 달렸으니, 혀를 잘 쓰는 사람은 그 열매를 먹는다.

22 아내를 맞이한 사람은 복을 찾은 사람이요, 주님으로부터 은총을 받은 사람이다.

23 가난한 사람은 간절한 말로 구걸하지만, 부유한 사람은 엄한 말로 대답한다.

24 친구를 많이 둔 사람은 해를 입기도 하지만 동기간보다 더 가까운 친구도 있다.

19장

참는 것이 지혜

1 거짓말을 하며 미련하게 사는 사람보다는, 가난해도 흠 없이 사는 사람이 낫다.

2 지식이 없는 열심은 좋은 것이라 할 수 없고, 너무 서둘러도 발을 헛디딘다.

3 사람은 미련해서 스스로 길을 잘못 들고도, 마음 속으로 주님을 원망한다.

4 재물은 친구를 많이 모으나, 궁핍하면 친구도 떠난다.

5 거짓 증인은 벌을 피할 수 없고, 거짓말을 하는 사람도 벌을 피할 길이 없다.

6 너그럽게 주는 사람에게는 은혜 입기를 원하는 사람이 많고, 선물을 잘 주는 사람에게는 모두가 친구이다.

7 가난하면 친척도 그를 싫어하는데, 하물며 친구가 그를 멀리하지 않겠느냐? 뒤따라가며 말을 붙이려 하여도, 아무런 소용이 없다.

8 지혜를 얻는 사람은 자기 영혼을 사랑하고, 명철을 지키는 사람은 복을 얻는다.

9 거짓 증인은 벌을 피할 수 없고, 거짓말을 하는 사람은 망하고 만다.

10 미련한 사람이 사치스럽게 사는 것도 마땅하지 않은데, 하물며 종이 고관들을 다스리는 것이랴?

11 노하기를 더디 하는 것은 사람의 슬기요, 허물을 덮어 주는 것은 그의 영광이다.

12 왕의 분노는 사자가 소리지르는 것과 같고, 그의 은혜는 풀 위에 내리는 이슬과 같다.

13 미련한 아들은 아버지에게 파멸을 가져다 주고, 다투기를 잘하는 아내는 새는 천장에서 떨어지는 물과 같다.

14 집과 재물은 조상에게서 물려받은 유산이지만, 슬기로운 아내는 주님께서 주신다.

15 게으른 사람은 깊은 잠에 빠지고, 나태한 사람은 굶주릴 것이다.

16 계명을 지키는 사람은 제 목숨을 지키지만, 자기 행실을 주의하지 않는 사람은 죽는다.

17 가난한 사람에게 은혜를 베푸는 것은 주님께 꾸어드리는 것이니, 주님께서 그 선행을 넉넉하게 갚아 주신다.

18 네 아들을 훈계하여라. 그래야 희망이 있다. 그러나 그를 죽일 생각은 품지 말아야 한다.

19 성격이 불 같은 사람은 벌을 받는다. 네가 그를 구하여 준다고 해도 그 때뿐, 구하여 줄 일이 또 생길 것이다.

20 충고를 듣고 훈계를 받아들여라. 그리하면 마침내 지혜롭게 된다.

21 사람의 마음에 많은 계획이 있어도, 성취되는 것은 오직 주님의 뜻뿐이다.

22 사람에게서 바랄 것은 성실이다. 거짓말쟁이가 되느니, 차라리 가난뱅이가 되는 것이 낫다.

23 주님을 경외하며 살면 생명을 얻는다. 그는 만족스러운 생활을 하며, 재앙을 만나지 않는다.

24 게으른 사람은 밥그릇에 손을 대고서도, 입에 떠 넣기를 귀찮아한다.

25 오만한 사람을 치면, 어수룩한 사람도 깨닫는다. 명철한 사람을 꾸짖으면, 그가 지식을 얻는다.

26 아버지를 구박하고 어머니를 쫓아내는 자식은, 부끄러움과 수치를 끌어들이는 자식이다.

27 아이들아, 지식의 말씀에서 벗어나게 하는 훈계는 듣지 말아라.

28 악한 증인은 정의를 비웃고, 악인의 입은 죄악을 통째로 삼킨다.

29 오만한 사람에게는 심판이 준비되어 있고, 미련한 사람의 등에는 매가 준비되어 있다.

20장

금보다 귀한 지혜

1 포도주는 사람을 거만하게 만들고, 독한 술은 사람을 소란스럽게 만든다. 이것에 빠지는 사람은 누구든지 지혜롭지 않다.

2 왕의 노여움은 사자의 부르짖음과 같으니, 그를 노하게 하면 목숨을 잃는다.

3 다툼을 멀리하는 것이 자랑스러운 일인데도, 어리석은 사람은 누구나 쉽게 다툰다.

4 게으른 사람은 제 철에 밭을 갈지 않으니, 추수 때에 거두려고 하여도 거둘 것이 없다.

5 사람의 생각은 깊은 물과 같지만, 슬기로운 사람은 그것을 길어 낸다.

6 스스로를 성실하다고 말하는 사람은 많으나, 누가 참으로 믿을 만한 사람을 만날 수 있느냐?

7 의인은 흠 없이 살며, 그의 자손이 복을 받는다.

8 재판석에 앉은 왕은 모든 악을 한눈에 가려낸다.

9 누가 "나는 마음이 깨끗하다. 나는 죄를 말끔히 씻었다" 하고 말할 수 있겠느냐?

10 규격에 맞지 않은 저울추와 되는 모두 주님께서 미워하시는 것이다.

11 비록 아이라 하여도 자기 행위로 사람됨을 드러낸다. 그가 하는 행실을 보면, 그가 깨끗한지 더러운지, 올바른지 그른지, 알 수 있다.

12 듣는 귀와 보는 눈, 이 둘은 다 주님께서 지으셨다.

13 가난하지 않으려면 잠을 좋아하지 말고, 먹거리를 풍족히 얻으려면 깨어 있어라.

14 물건을 고를 때는 "나쁘다, 나쁘다" 하지만, 사 간 다음에는 잘 샀다고 자랑한다.

15 세상에 금도 있고 진주도 많이 있지만, 정말 귀한 보배는 지각 있게 말하는 입이다.

16 남의 보증을 선 사람은 자기의 옷을 잡혀야 하고, 모르는 사람의 보증을 선 사람은 자기의 몸을 잡혀야 한다.

17 사람들은 속여서 얻은 빵이 맛있다고 하지만, 훗날에 그 입에 모래가 가득 찰 것이다.

18 계획은 사람들의 뜻을 모아서 세우고, 전쟁은 전략을 세워 놓고 하여라.

19 험담하며 돌아다니는 사람은 남의 비밀을 새게 하는 사람이니, 입을 벌리고 다니는 사람과는 어울리지 말아라.

20 부모를 저주하는 자식은 암흑 속에 있을 때에 등불이 꺼진다.

21 처음부터 빨리 모은 재산은 행복하게 끝을 맺지 못한다.

22 "악을 갚겠다" 하지 말아라. 주님을 기다리면, 그분이 너를 구원하신다.

23 규격에 맞지 않은 저울추는 주님께서 미워하신다. 속이는 저울은 나쁜 것이다.

24 사람의 발걸음은 주님으로 말미암은 것이니 사람이 어찌 자기의 길을 알 수 있겠느냐!

25 경솔하게 "이것은 거룩하다" 하여 함부로 서원하여 놓고, 나중에 생각이 달라지는 것은, 사람이 걸리기 쉬운 올가미이다.

26 지혜로운 왕은 악인을 키질하며, 그들 위에 타작기의 바퀴를 굴린다.

27 주님은 사람의 영혼을 환히 비추시고, 사람의 마음 속 깊은 곳까지 살펴보신다.

28 인자와 진리가 왕을 지켜 주고, 정의가 그의 보좌를 튼튼하게 한다.

29 젊은이의 자랑은 힘이요, 노인의 영광은 백발이다.

30 상처가 나도록 때려야 악이 없어진다. 매는 사람의 속 깊은 곳까지 들어간다.

21장

주님께서 이끄신다

1 왕의 마음은 흐르는 물줄기 같아서 주님의 손 안에 있다. 주님께서 원하시는 대로 왕을 이끄신다.

2 사람의 행위는 자기의 눈에는 모두 옳게 보이나, 주님께서는 그 마음을 꿰뚫어 보신다.

3 주님께서는 정의와 공평을 지키며 사는 것을 제사를 드리는 일보다 더 반기신다.

4 거만한 눈과 오만한 마음, 이러한 죄는 악인을 구별하는 표지이다.

5 부지런한 사람의 계획은 반드시 이득을 얻지만, 성급한 사람은 가난해질 뿐이다.

6 속여서 모은 재산은, 너를 죽음으로 몰아넣고, 안개처럼 사라진다.

7 악인의 폭력은 자신을 멸망으로 이끄니, 그가 바르게 살기를 거부하기 때문이다.

8 죄인의 길은 구부러졌지만, 깨끗한 사람의 행실은 올바르다.

9 다투기를 좋아하는 여자와 넓은 집에서 함께 사는 것보다, 차라리 다락 한 구석에서 혼자 사는 것이 더 낫다.

10 악인은 마음에 악한 것만을 바라니, 가까운 이웃에게도 은혜를 베풀지 못한다.

11 오만한 사람이 벌을 받으면 어수룩한 사람이 깨닫고, 지혜로운 사람이 책망을 받으면 지식을 더 얻는다.

12 의로우신 하나님은 악인의 집을 주목하시고, 그를 재앙에 빠지게 하신다.

13 가난한 사람의 부르짖음에 귀를 막으면, 자기가 부르짖을 때에 아무도 대답하지 않는다.

14 은밀하게 주는 선물은 화를 가라앉히고, 품 속에 넣어 주는 뇌물은 격한 분노를 가라앉힌다.

15 정의가 실현될 때에, 의인은 기뻐하고, 악인은 절망한다.

16 슬기로운 길에서 빗나가는 사람은 죽은 사람들과 함께 쉬게 될 것이다.

17 향락을 좋아하는 사람은 가난하게 되고, 술과 기름을 좋아하는 사람도 부자가 되지 못한다.

18 악인은 의로운 사람 대신에 치르는 몸값이 되고, 사기꾼은 정직한 사람 대신에 치르는 몸값이 된다.

19 다투며 성내는 아내와 함께 사는 것보다, 광야에서 혼자 사는 것이 더 낫다.

20 지혜 있는 사람의 집에는 값진 보물과 기름이 있지만, 미련한 사람은 그것을 모두 탕진하여 버린다.

21 정의와 신의를 좇아서 살면, 생명과 번영과 영예를 얻는다.

22 지혜로운 사람은 용사들이 지키는 성에 올라가서, 그들이 든든히 믿는 요새도 무너뜨린다.

23 입과 혀를 지킬 수 있는 사람은, 역경 속에서도 자기의 목숨을 지킬 수 있다.

24 교만하고 건방진 사람을 오만한 자라고 하는데, 그런 사람은 우쭐대며 무례하게 행동한다.

25 게으른 사람의 욕심이 스스로를 죽이기까지 하는 것은, 어떠한 일도 제 손으로 하기를 싫어하기 때문이다.

26 악인은 온종일 탐하기만 하지만, 의인은 아끼지 않고 나누어 준다.

27 악인의 제물이 역겨운 것이라면, 악한 의도로 바치는 것이야 더욱 그렇지 않겠는가?

28 위증을 하는 사람의 증언은 사라지지만, 사실대로 말하는 사람의 증언은 채택된다.

29 악한 사람은 얼굴이 뻔뻔스러우나, 정직한 사람은 자기의 행실을 잘 살핀다.

30 그 어떠한 지혜도, 명철도, 계략도, 주님을 대항하지 못한다.

31 전쟁을 대비하여 군마를 준비해도, 승리는 오직 주님께 달려 있다.

22장

훈계의 가치 … 서른 가지 교훈

1 많은 재산보다는 명예를 택하는 것이 낫고, 은이나 금보다는 은총을 택하는 것이 낫다.

2 부유한 사람과 가난한 사람이 다 함께 얽혀서 살지만, 이들 모두를 지으신 분은 주님이시다.

3 슬기로운 사람은 재앙을 보면 숨고 피하지만, 어수룩한 사람은 고집을 부리고 나아가다가 화를 입는다.

4 겸손한 사람과 주님을 경외하는 사람이 받을 보상은 재산과 영예와 장수이다.

5 마음이 비뚤어진 사람의 길에는 가시와 올무가 있으나, 자기 영혼을 지키는 사람은 그런 길을 멀리한다.

6 마땅히 걸어야 할 그 길을 아이에게 가르쳐라. 그러면 늙어서도 그 길을 떠나지 않는다.

7 가난하면 부자의 지배를 받고, 빚지면 빚쟁이의 종이 된다.

8 악을 뿌리는 사람은 재앙을 거두고, 분노하여 휘두르던 막대기는 기세가 꺾인다.

9 남을 잘 보살펴 주는 사람이 복을 받는 것은, 그가 자기의 먹거리를 가난한 사람에게 나누어 주기 때문이다.

10 거만한 사람을 쫓아내면 다툼이 없어지고, 싸움과 욕설이 그친다.

11 깨끗한 마음을 간절히 바라며 덕을 끼치는 말을 하는 사람은, 왕의 친구가 된다.

12 주님의 눈은 지식 있는 사람을 지켜 보시지만, 신의가 없는 사람의 말은 뒤엎으신다.

13 게으른 사람은 핑계 대기를 "바깥에 사자가 있다. 거리에 나가면 찢겨 죽는다" 한다.

14 음행하는 여자의 입은 깊은 함정이니, 주님의 저주를 받는 사람이 거기에 빠진다.

15 아이의 마음에는 미련한 것이 얽혀 있으나, 훈계의 매가 그것을 멀리 쫓아낸다.

16 이익을 탐해서, 가난한 사람을 학대하는 사람과, 부자에게 자꾸 가져다 주는 사람은, 가난해질 뿐이다.

17 귀를 기울여서 지혜 있는 사람의 말을 듣고, 나의 가르침을 너의 마음에 새겨라.

18 그것을 깊이 간직하며, 그것을 모두 너의 입술로 말하면, 너에게 즐거움이 된다.

19 이는 네가 주님을 의뢰하며 살도록 하려고 오늘 내가 너에게 특별히 알려 주는 것이다.

20 내가 너에게, 건전한 충고가 담긴 서른 가지 교훈을 써 주지 않았느냐?

21 이는 네가 진리의 말씀을 깨달아서, 너에게 묻는 사람에게 바른 대답을 할 수 있게 하려 함이다.

22 가난하다고 하여 그 가난한 사람에게서 함부로 빼앗지 말고, 고생하는 사람을 법정에서 압제하지 말아라.

23 주님께서 그들의 송사를 맡아 주시고, 그들을 노략하는 사람의 목숨을 빼앗으시기 때문이다.

24 성급한 사람과 사귀지 말고, 성을 잘 내는 사람과 함께 다니지 말아라.

25 네가 그 행위를 본받아서 그 올무에 걸려 들까 염려된다.

26 이웃의 손을 잡고 서약하거나, 남의 빚에 보증을 서지 말아라.

27 너에게 갚을 것이 아무것도 없다면, 네가 누운 침대까지도 빼앗기지 않겠느냐?

28 너의 선조들이 세워 놓은 그 옛 경계표를 옮기지 말아라.

29 자기 일에 능숙한 사람을 네가 보았을 것이다. 그런 사람은 왕을 섬길 것이요, 대수롭지 않은 사람을 섬기지는 않을 것이다.

 23장

1 네가 높은 사람과 함께 앉아 음식을 먹게 되거든, 너의 앞에 누가 앉았는지를 잘 살펴라.

2 식욕이 마구 동하거든, 목에 칼을 대고서라도 억제하여라.

3 그가 차린 맛난 음식에 욕심을 내지 말아라. 그것은 너를 꾀려는 음식이다.

4 부자가 되려고 애쓰지 말고, 그런 생각을 끊어 버릴 슬기를 가져라.

5 한순간에 없어질 재물을 주목하지 말아라. 재물은 날개를 달고, 독수리처럼 하늘로 날아가 버린다.

6 너는 인색한 사람의 상에서 먹지 말고, 그가 즐기는 맛난 음식을 탐내지 말아라.

7 무릇 그 마음의 생각이 어떠하면 그의 사람됨도 그러하니, 그가 말로는 '먹고 마셔라' 하여도, 그 속마음은 너를 떠나 있다.

8 네가 조금 먹은 것조차 토하겠고, 너의 아첨도 헛된 데로 돌아갈 것이다.

9 미련한 사람의 귀에는 아무 말도 하지 말아라. 그가 너의 슬기로운 말을 업신여길 것이기 때문이다.

10 옛날에 세워 놓은 밭 경계표를 옮기지 말며, 고아들의 밭을 침범하지 말아라.

11 그들의 구원자는 강한 분이시니, 그분이 그들의 송사를 맡으셔서 너를 벌하실 것이다.

12 훈계를 너의 마음에 간직하고, 지식이 담긴 말씀에 너의 귀를 기울여라.

13 아이 꾸짖는 것을 삼가지 말아라. 매질을 한다고 하여서 죽지는 않는다.

14 그에게 매질을 하는 것이, 오히려 그의 목숨을 스올에서 구하는 일이다.

15 내 아이들아, 너의 마음이 지혜로우면, 나의 마음도 또한 즐겁다.

16 네가 입을 열어 옳은말을 할 때면, 나의 속이 다 후련하다.

17 죄인들을 보고 마음 속으로 부러워하지 말고, 늘 주님을 경외하여라.

18 그러면, 너의 미래가 밝아지고, 너의 소망도 끊어지지 않는다.

19 내 아이들아, 너는 잘 듣고 지혜를 얻어서, 너의 마음을 바르게 이끌어라.

20 너는 술을 많이 마시는 사람이나 고기를 탐하는 사람과는 어울리지 말아라.

21 늘 술에 취해 있으면서 먹기만을 탐하는 사람은 재산을 탕진하게 되고, 늘 잠에 빠져 있는 사람은 누더기를 걸치게 된다.

22 너를 낳아 준 아버지에게 순종하고 늙은 어머니를 업신여기지 말아라.

23 진리를 사들이되 팔지는 말아라. 지혜와 훈계와 명철도 그렇게 하여라.

24 의인의 아버지는 크게 기뻐할 것이며, 지혜로운 자식을 둔 아버지는 크게 즐거워할 것이다.

25 너의 어버이를 즐겁게 하여라. 특히 너를 낳은 어머니를 기쁘게 하여라.

26 내 아이들아! 나를 눈여겨 보고, 내가 걸어온 길을 기꺼이 따라라.

27 음란한 여자는 깊은 구렁이요, 부정한 여자는 좁은 함정이다.

28 강도처럼 남자를 노리고 있다가, 숱한 남자를 변절자로 만든다.

29 재난을 당할 사람이 누구며, 근심하게 될 사람이 누구냐? 다투게 될 사람이 누구며, 탄식할 사람이 누구냐? 까닭도 모를 상처를 입을 사람이 누구며, 눈이 충혈될 사람이 누구냐?

30 늦게까지 술자리에 남아 있는 사람들, 혼합주만 찾아 다니는 사람들이 아니냐!

31 잔에 따른 포도주가 아무리 붉고 고와도, 마실 때에 순하게 넘어가더라도, 너는 그것을 쳐다보지도 말아라.

32 그것이 마침내 뱀처럼 너를 물고, 독사처럼 너를 쏠 것이며,

33 눈에는 괴이한 것만 보일 것이며, 입에서는 허튼 소리만 나올 것이다.

34 바다 한가운데 누운 것 같고, 돛대 꼭대기에 누운 것 같을 것이다.

35 "사람들이 나를 때렸는데도 아프지 않고, 나를 쳤는데도 아무렇지 않다. 이 술이 언제 깨지? 술이 깨면, 또 한 잔 해야지" 하고 말할 것이다.

24장

1 너는 악한 사람을 부러워하지 말며, 그들과 어울리고 싶어하지도 말아라.

2 그들의 마음은 폭력을 꾀하고, 그들의 입술은 남을 해칠 말만 하기 때문이다.

3 집은 지혜로 지어지고, 명철로 튼튼해진다.

4 지식이 있어야, 방마다 온갖 귀하고 아름다운 보화가 가득 찬다.

5 지혜가 있는 사람은 힘이 센 사람보다 더 강하고, 지식이 있는 사람은 기운이 센 사람보다 더 강하다.

6 전략을 세운 다음에야 전쟁을 할 수 있고, 참모가 많아야 승리할 수 있다.

7 지혜는 너무 높이 있어서, 어리석은 사람이 거기에 미치지 못하니, 어리석은 사람은 사람이 모인 데서 입을 열지 못한다.

8 늘 악한 일만 꾀하는 사람은, 이간질꾼이라고 불린다.

9 어리석은 사람은 죄짓는 것만 계획한다. 오만한 사람은 누구에게나 미움을 받는다.

10 재난을 당할 때에 낙심하는 것은, 너의 힘이 약하다는 것을 드러내는 것이다.

11 너는 죽을 자리로 끌려가는 사람을 건져 주고, 살해될 사람을 돕는 데 인색하지 말아라.

12 너는 그것이 '내가 알 바 아니라'고 생각하며 살겠지만, 마음을 헤아리시는 주님께서 어찌 너의 마음을 모르시겠느냐? 너의 목숨을 지키시는 주님께서 다 알고 계시지 않겠느냐? 그분은 각 사람의 행실대로 갚으실 것이다.

13 내 아이들아, 꿀을 먹어라. 그것은 좋은 것이다. 송이꿀을 먹어라. 그것은 너의 입에 달콤할 것이다.

14 지혜도 너의 영혼에게는 그와 같다는 것을 알아라. 그것을 얻으면 너의 장래가 밝아지고, 너의 소망이 끊어지지 않는다.

15 악한 사람아, 의인의 집을 노리지 말고, 그가 쉬는 곳을 헐지 말아라.

16 의인은 일곱 번을 넘어지더라도 다시 일어나지만, 악인은 재앙을 만나면 망한다.

17 원수가 넘어질 때에 즐거워하지 말고, 그가 걸려서 쓰러질 때에 마음에 기뻐하지 말아라.

18 주님께서 이것을 보시고 좋지 않게 여기셔서, 그 노여움을 너의 원수로부터 너에게로 돌이키실까 두렵다.

19 행악자 때문에 분개하지도 말고, 악인을 시기하지도 말아라.

20 행악자에게는 장래가 없고, 악인의 등불은 꺼지고 만다.

21 내 아이들아, 주님과 왕을 경외하고, 변절자들과 사귀지 말아라.

22 그들이 받을 재앙은 갑자기 일어나는 것이니, 주님이나 왕이 일으킬 재난을 누가 알겠느냐?

23 몇 가지 교훈이 더 있다. 재판할 때에 얼굴을 보아 재판하는 것은 옳지 않다.

24 악인에게 '네가 옳다' 하는 자는 백성에게서 저주를 받고, 뭇 민족에게서 비난을 받을 것이다.

25 그러나 악인을 꾸짖는 사람은 기쁨을 얻을 것이며, 좋은 복도 받을 것이다.

26 바른말을 해주는 것이, 참된 우정이다.

27 네 바깥 일을 다 해놓고 네 밭 일을 다 살핀 다음에, 네 가정을 세워라.

28 너는 이유도 없이 네 이웃을 치는 증언을 하지 말고, 네 입술로 속이는 일도 하지 말아라.

29 너는 "그가 나에게 한 그대로 나도 그에게 하여, 그가 나에게 한 만큼 갚아 주겠다" 하고 말하지 말아라.

30 게으른 사람의 밭과 지각이 없는 사람의 포도원을 내가 지나가면서 보았더니,

31 거기에는 가시덤불이 널려 있고, 엉겅퀴가 지면을 덮었으며, 돌담이 무너져 있었다.

32 나는 이것을 보고 마음 깊이 생각하고, 교훈을 얻었다.

33 "조금만 더 자야지, 조금만 더 눈을 붙여야지, 조금만 더 팔을 베고 누워 있어야지" 하면,

34 가난이 강도처럼 들이닥치고, 빈곤이 방패로 무장한 용사처럼 달려들 것이다.

솔로몬의 잠언 추가

1 이것도 솔로몬의 잠언으로, 유다 왕 히스기야의 신하들이 편집한 것이다.

2 일을 숨기는 것은 하나님의 영광이요, 일을 밝히 드러내는 것은 왕의 영광이다.

3 하늘이 높고 땅이 깊은 것처럼, 왕의 마음도 헤아리기 어렵다.

4 은에서 찌꺼기를 없애라. 그래야 은장색의 손에서 그릇이 되어 나온다.

5 왕 앞에서는 악한 사람을 없애라. 그래야 왕위가 공의 위에 굳게 선다.

6 왕 앞에서 스스로 높은 체하지 말며, 높은 사람의 자리에 끼여들지 말아라.

7 너의 눈 앞에 있는 높은 관리들 앞에서 '저리로 내려가라'는 말을 듣는 것보다, '이리로 올라오라'는 말을 듣는 것이 더 낫기 때문이다.

8 너는 급하게 소송하지 말아라. 훗날에 너의 이웃이 너를 이겨 부끄럽게 만들 때에, 네가 어떻게 할지가 염려된다.

9 이웃과 다툴 일이 있으면 그와 직접 변론만 하고, 그의 비밀을 퍼뜨리지 말아라.

10 그 말을 듣는 사람이 오히려 너를 비난하면, 그 나쁜 소문이 너에게서 떠나지 않고 따라다닐까 두렵다.

11 경우에 알맞은 말은, 은쟁반에 담긴 금사과이다.

12 지혜로운 사람의 책망은, 들을 줄 아는 사람의 귀에는, 금귀고리요, 순금 목걸이이다.

13 믿음직한 심부름꾼은 그를 보낸 주인에게는 무더운 추수 때의 시원한 냉수와 같아서, 그 주인의 마음을 시원하게 해준다.

14 선물을 한다고 거짓말로 자랑을 퍼뜨리는 사람은 비를 내리지 못하는 구름과 바람 같다.

15 분노를 오래 참으면 지배자도 설득되고, 부드러운 혀는 뼈도 녹일 수 있다.

16 꿀을 발견하더라도 적당히 먹어라. 과식하면 토할지도 모른다.

17 이웃집이라 하여 너무 자주 드나들지 말아라. 그가 싫증이 나서 너를 미워하게 될지도 모른다.

18 거짓말로 이웃에게 불리한 증언을 하는 사람은, 망치요, 칼이요, 뾰족한 화살이다.

19 환난을 당할 때에, 진실하지 못한 사람을 믿는 것은, 마치 썩은 이와 뼈가 부러진 다리를 의지하는 것과 같다.

20 마음이 상한 사람 앞에서 즐거운 노래를 부르는 것은, 추운 날에 옷을 벗기는 것과 같고, 상처에 초를 붓는 것과 같다.

21 네 원수가 배고파 하거든 먹을 것을 주고, 목말라 하거든 마실 물을 주어라.

22 이렇게 하는 것은, 그의 낯을 뜨겁게 하는 것이며, 주님께서 너에게 상으로 갚아 주실 것이다.

23 북풍이 비를 일으키듯, 헐뜯는 혀는 얼굴에 분노를 일으킨다.

24 다투기를 좋아하는 여자와 넓은 집에서 함께 사는 것보다, 차라리 다락 한 구석에서 혼자 사는 것이 더 낫다.

25 먼 데서 오는 기쁜 소식은 목이 타는 사람에게 주어지는 냉수와 같다.

26 의인이 악인 앞에 무릎을 꿇는 것은, 흐려진 샘물과 같고, 오염된 우물물과 같다.

27 꿀도 너무 많이 먹는 것은 좋지 않듯이, 영예를 지나치게 구하는 것은 좋지 않다.

28 자기의 기분을 자제하지 못하는 사람은, 성이 무너져 성벽이 없는 것과 같다.

26장

미련한 사람이 되지 말아라

1 미련한 사람에게는 영예가 어울리지 않는다. 이는 마치 여름에 눈이 내리는 것과 같고, 추수 때에 비가 오는 것과 같다.

2 까닭없는 저주는 아무에게도 미치지 않으니, 이는 마치 참새가 떠도는 것과 같고, 제비가 날아가는 것과 같다.

3 말에게는 채찍, 나귀에게는 재갈, 미련한 사람의 등에는 매가 필요하다.

4 미련한 사람이 어리석은 말을 할 때에는 대답하지 말아라. 너도 그와 같은 사람이 될까 두렵다.

5 미련한 사람이 어리석은 말을 할 때에는 같은 말로 대응하여 주어라. 그가 지혜로운 체할까 두렵다.

6 미련한 사람을 시켜서 소식을 보내는 것은, 제 발목을 자르거나 폭력을 불러들이는 것과 같다.

7 미련한 사람이 입에 담는 잠언은, 저는 사람의 다리처럼 힘이 없다.

8 미련한 사람에게 영예를 돌리는 것은, 무릿매에 돌을 올려놓는 것과 같다.

9 미련한 사람이 입에 담는 잠언은, 술 취한 사람이 손에 쥐고 있는 가시나무와 같다.

10 미련한 사람이나 지나가는 사람을 고용하는 것은, 궁수가 닥치는 대로 사람을 쏘아대는 것과 같다.

11 개가 그 토한 것을 도로 먹듯이, 미련한 사람은 어리석은 일을 되풀이한다.

12 너는 스스로 지혜롭다 하는 사람을 보았을 것이나, 그런 사람보다는 오히려 미련한 사람에게 더 희망이 있다.

13 게으른 사람은 핑계 대기를 "길에 사자가 있다. 거리에 사자가 있다" 한다.

14 문짝이 돌쩌귀에 붙어서 돌아가듯이, 게으른 사람은 침대에만 붙어서 뒹군다.

15 게으른 사람은 밥그릇에 손을 대고서도, 입에 떠 넣기조차 귀찮아한다.

16 게으른 사람은 재치 있게 대답하는 사람 일곱보다 자기가 더 지혜롭다고 생각한다.

17 자기와 관계없는 싸움에 끼여드는 것은, 사람이 개의 귀를 붙잡는 것과 같다.

18 횃불을 던지고 화살을 쏘아서 사람을 죽이는 미친 사람이 있다.

19 이웃을 속이고서도 "농담도 못하냐?" 하고 말하는 사람도 그러하다.

20 땔감이 다 떨어지면 불이 꺼지듯이, 남의 말을 잘하는 사람이 없어지면 다툼도 그친다.

21 숯불 위에 숯을 더하는 것과, 타는 불에 나무를 더하는 것과 같이, 다투기를 좋아하는 사람은 불난 데 부채질을 한다.

22 헐뜯기를 잘하는 사람의 말은 맛있는 음식과 같아서, 뱃속 깊은 데로 내려간다.

23 악한 마음을 품고서 말만 매끄럽게 하는 입술은, 질그릇에다가 은을 살짝 입힌 것과 같다.

24 남을 미워하는 사람은 입술로는 그렇지 않은 체하면서, 속으로는 흉계를 꾸민다.

25 비록 다정한 말을 한다 하여도 그를 믿지 말아라. 그의 마음 속에는 역겨운 것이 일곱 가지나 들어 있다.

26 미운 생각을 교활하게 감추고 있다 하여도, 그 악의는 회중 앞에서 드러나기 마련이다.

27 함정을 파는 사람은 자기가 그 속에 빠지고, 돌을 굴리는 사람은 자기가 그 밑에 깔린다.

28 거짓말을 하는 혀는 흠 없는 사람의 원수이며, 아첨하는 사람은 자기의 신세를 망친다.

27장

내일 일을 자랑하지 말아라

1 내일 일을 자랑하지 말아라. 하루 사이에 무슨 일이 생길지 알 수 없다.

2 네가 너를 칭찬하지 말고, 남이 너를 칭찬하게 하여라. 칭찬은 남이 하여 주는 것이지, 자기의 입으로 하는 것이 아니다.

3 돌도 무겁고 모래도 짐이 되지만, 어리석은 사람이 성가시게 구는 것은, 이 두 가지보다 더 무겁다.

4 분노는 잔인하고 진노는 범람하는 물과 같다고 하지만, 사람의 질투를 누가 당하여 낼 수 있으랴?

5 드러내 놓고 꾸짖는 것이, 숨은 사랑보다 낫다.

6 친구의 책망은 아파도 진심에서 나오지만, 원수의 입맞춤은 거짓에서 나온다.

7 배부른 사람은 꿀도 지겨워하지만, 배고픈 사람은 쓴 것도 달게 먹는다.

8 고향을 잃고 떠도는 사람은, 둥지를 잃고 떠도는 새와 같다.

9 향유와 향료가 마음을 즐겁게 하듯이, 친구의 다정한 충고가 그와 같다.

10 너의 친구나 너의 아버지의 친구를 저버리지 말아라. 네가 어렵다고 친척의 집을 찾아 다니지 말아라. 가까운 이웃이 먼 친척보다 낫다.

11 내 아이들아, 지혜를 깨우치고, 나의 마음을 기쁘게 하여라. 그러면 나를 비방하는 사람에게, 내가 대답할 수 있겠다.

12 슬기로운 사람은 재앙을 보면 숨어 피하지만, 어수룩한 사람은 고집을 부리고 나아가다가 화를 입는다.

13 남의 보증을 선 사람은 자기의 옷을 잡혀야 하고, 모르는 사람의 보증을 선 사람은 자기의 몸을 잡혀야 한다.

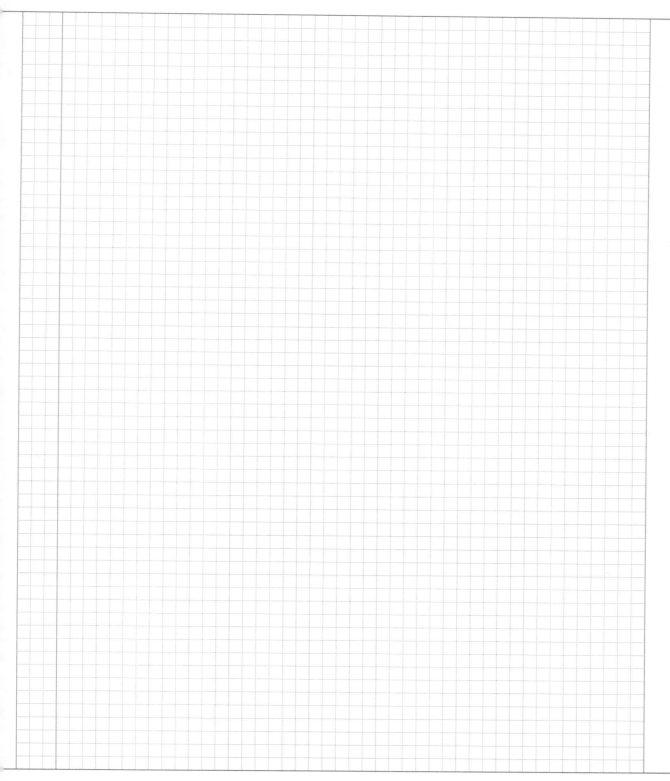

14 이른 아침에 큰소리로 이웃에게 축복의 인사를 하면, 그것을 오히려 저주로 여길 것이다.

15 다투기를 좋아하는 여자는, 비 오는 날 지붕에서 끊임없이 비가 새는 것과 같다.

16 그런 여자를 다스리려는 것은, 바람을 다스리려는 것과 같고, 손으로 기름을 가득 움켜 잡으려는 것과 같다.

17 쇠붙이는 쇠붙이로 쳐야 날이 날카롭게 서듯이, 사람도 친구와 부대껴야 지혜가 예리해진다.

18 무화과나무를 가꾸는 사람이 그 열매를 먹듯이, 윗사람의 시중을 드는 사람이 그 영화를 얻는다.

19 사람의 얼굴이 물에 비치듯이, 사람의 마음도 사람을 드러내 보인다.

20 스올과 멸망의 구덩이가 만족을 모르듯, 사람의 눈도 만족을 모른다.

21 도가니는 은을, 화덕은 금을 단련하듯이, 칭찬은 사람됨을 달아 볼 수 있다.

22 어리석은 사람은 곡식과 함께 절구에 넣어서 공이로 찧어도, 그 어리석음이 벗겨지지 않는다.

23 너의 양 떼의 형편을 잘 알아 두며, 너의 가축 떼에게 정성을 기울여라.

24 재물은 영원히 남아 있지 않으며, 왕관도 대대로 물려줄 수 없기 때문이다.

25 그러나 풀은 벤 뒤에도 새 풀이 돋아나니, 산에서 꼴을 거둘 수 있다.

26 어린 양의 털로는 너의 옷을 지어 입을 수 있고, 숫양으로는 밭을 사들일 수 있으며,

27 염소의 젖은 넉넉하여, 너와 너의 집 식구의 먹을 것뿐만 아니라, 너의 여종의 먹을 것까지 있을 것이다.

28장

율법이 주는 유익

1 악인은 뒤쫓는 사람이 없어도 달아나지만, 의인은 사자처럼 담대하다.

2 나라에 반역이 일면, 통치자가 자주 바뀌지만, 슬기와 지식이 있는 사람이 다스리면, 그 나라가 오래간다.

3   가난한 사람을 억압하는 가난한 사람은 먹거리를 남김없이 쓸어 버리는 폭우와 같다.

4   율법을 버린 사람은 악인을 찬양하지만, 율법을 지키는 사람은 악인에게 대항한다.

5   악한 사람은 공의를 깨닫지 못하나, 주님을 찾는 사람은 모든 것을 깨닫는다.

6   부유하나 구부러진 길을 가는 사람보다는 가난해도 흠 없이 사는 사람이 낫다.

7   슬기로운 아들은 율법을 지키지만, 먹기를 탐하는 사람들과 어울리는 아들은 아버지에게 욕을 돌린다.

8   높은 이자로 재산을 늘리는 것은, 마침내, 가난한 사람들에게 은혜로 베풀어질 재산을 쌓아 두는 것이다.

9   귀를 돌리고 율법을 듣지 않으면, 그의 기도마저도 역겹게 된다.

10 정직한 사람을 나쁜 길로 유인하는 사람은 자기가 판 함정에 빠지지만, 흠 없이 사는 사람은 복을 받는다.

11 부자가 자기 보기에는 지혜롭지만, 가난하나 슬기로운 사람은 그 사람의 속을 꿰뚫어 본다.

12 정직한 사람이 이기면 많은 사람이 축하하지만, 악인이 일어나면 사람들이 숨는다.

13 자기의 죄를 숨기는 사람은 잘 되지 못하지만, 죄를 자백하고 그것을 끊어 버리는 사람은 불쌍히 여김을 받는다.

14 늘 두려워하는 마음으로 사는 사람은 복을 받지만, 마음이 완고한 사람은 재앙에 빠진다.

15 가난한 백성을 억누르는 악한 통치자는, 울부짖는 사자요, 굶주린 곰이다.

16 슬기가 모자라는 통치자는 억압만을 일삼지만, 부정한 이득을 미워하는 통치자는 오래도록 살 것이다.

17 사람을 죽인 사람은 함정으로 달려가는 것이니, 아무도 그를 막지 말아야 한다.

18 흠 없이 사는 사람은 구원을 받을 것이지만, 그릇된 길을 따라가는 사람은 언젠가는 한 번 넘어지고야 만다.

19 밭을 가는 사람은 먹을 것이 넉넉하지만, 헛된 것을 꿈꾸는 사람은 찌들게 가난하다.

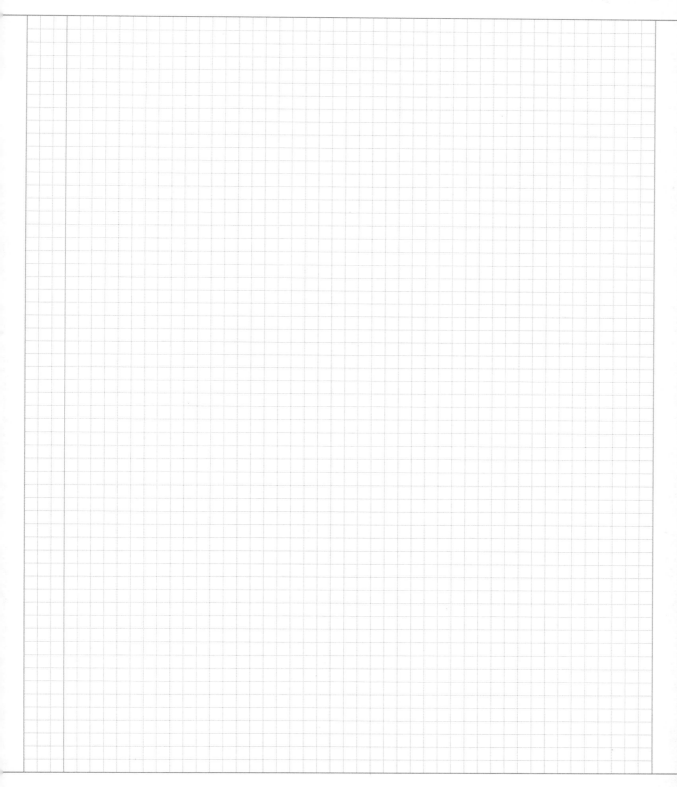

20 신실한 사람은 많은 복을 받지만, 속히 부자가 되려는 사람은 벌을 면하지 못한다.

21 사람의 얼굴을 보고 재판하는 것은 옳지 않다. 사람은 빵 한 조각 때문에 그런 죄를 지을 수도 있다.

22 죄악에 눈이 어두운 사람은 부자가 되는 데에만 바빠서, 언제 궁핍이 자기에게 들이닥칠지를 알지 못한다.

23 아첨하는 사람보다는 바르게 꾸짖는 사람이, 나중에 고맙다는 말을 듣는다.

24 자기 부모의 것을 빼앗고도 그것이 죄가 아니라고 하는 사람은 살인자와 한패이다.

25 욕심이 많은 사람은 다툼을 일으키지만, 주님을 의뢰하는 사람은 풍성함을 누린다.

26 자기의 생각만을 신뢰하는 사람은 미련한 사람이지만, 지혜롭게 사는 사람은 구원을 받는다.

27 가난한 사람을 도와주는 사람은 모자라는 것이 없지만, 그를 못 본 체하는 사람은 많은 저주를 받는다.

28 악인이 일어나면 사람들은 숨어 버리지만, 그가 망하면 의인이 많이 나타난다.

29장

상식

1 책망을 자주 받으면서도 고집만 부리는 사람은, 갑자기 무너져서 회복하지 못한다.

2 의인이 많으면 백성이 기뻐하지만, 악인이 권세를 잡으면 백성이 탄식한다.

3 지혜를 사랑하는 아들은 아버지를 기쁘게 하지만, 창녀에게 드나드는 아들은 재산을 탕진한다.

4 공의로 다스리는 왕은 나라를 튼튼하게 하지만, 뇌물을 좋아하는 왕은 나라를 망하게 한다.

5 이웃에게 아첨하는 사람은 그의 발 앞에 그물을 치는 사람이다.

6 악인이 범죄하는 것은 그 자신에게 올무를 씌우는 것이지만, 의인은 노래하며 즐거워한다.

7 의인은 가난한 사람의 사정을 잘 알지만, 악인은 가난한 사람의 사정쯤은 못 본 체한다.

8 거만한 사람은 성읍을 시끄럽게 하지만, 지혜로운 사람은 분노를 가라앉힌다.

9 지혜로운 사람이 어리석은 사람을 걸어서 소송하면, 어리석은 사람이 폭언과 야유로 맞서므로, 지혜로운 사람은 안심할 수 없다.

10 남을 피 흘리게 하기를 좋아하는 사람은 흠 없는 사람을 미워하지만, 정직한 사람은 흠 없는 사람의 생명을 보살펴 준다.

11 미련한 사람은 화를 있는 대로 다 내지만, 지혜로운 사람은 화가 나도 참는다.

12 통치자가 거짓말에 귀를 기울이면, 그 신하들이 모두 악해진다.

13 가난한 사람과 착취하는 사람이 다 함께 살고 있으나, 주님은 이들 두 사람에게 똑같이 햇빛을 주신다.

14 왕이 가난한 사람을 정직하게 재판하면, 그의 왕위는 길이길이 견고할 것이다.

15 매와 꾸지람은 지혜를 얻게 만들어 주지만, 내버려 둔 자식은 그 어머니를 욕되게 한다.

16 악인이 많아지면 범죄가 늘어나지만, 의인은 그들이 망하는 것을 보게 된다.

17 너의 자식을 훈계하여라. 그러면 그가 너를 평안하게 하고, 너의 마음에 기쁨을 안겨 줄 것이다.

18 계시가 없으면 백성은 방자해지나, 율법을 지키는 사람은 복을 받는다.

19 말만으로는 종을 제대로 가르칠 수 없으니 다 알아들으면서도 따르지 않기 때문이다.

20 너도 말이 앞서는 사람을 보았겠지만, 그런 사람보다는 오히려 미련한 사람에게 더 바랄 것이 있다.

21 어릴 때부터 종의 응석을 받아 주면, 나중에는 다루기 어렵게 된다.

22 화를 잘 내는 사람은 다툼을 일으키고, 성내기를 잘하는 사람은 죄를 많이 짓는다.

23 사람이 오만하면 낮아질 것이고, 마음이 겸손하면 영예를 얻을 것이다.

24 도둑과 짝하는 사람은 자기의 목숨을 하찮게 여기는 사람이다. 그러므로 자기를 저주하는 소리를 들어도 아무런 반박을 하지 못한다.

25 사람을 두려워하면 올무에 걸리지만, 주님을 의지하면 안전하다.

26 많은 사람이 통치자의 환심을 사려고 하지만, 사람의 일을 판결하시는 분은 주님 이시다.

27 의인은 불의한 사람을 싫어하고, 악인은 정직한 사람을 싫어한다.

아굴의 잠언

1 이것은 야게의 아들 아굴이 말한 잠언이다. 이 사람이 이디엘에게 말하고, 또 이디엘과 우갈에게 말하였다.

2 참으로 나는, 사람이라기보다는 우둔한 짐승이며, 나에게는 사람의 총명이 없다.

3 나는 지혜를 배우지도 못하였고, 지극히 거룩하신 분을 아는 지식도 깨우치지 못하였다.

4 하늘에 올라갔다가 내려온 사람이 누구며, 바람을 자기 손에 움켜 쥐고 있는 사람이 누구냐? 물을 그 옷자락으로 싸고 있는 사람이 누구며 땅의 모든 경계선을 그은 사람이 누구인가? 그 사람의 이름은 무엇인지, 그의 아들의 이름은 무엇인지, 정말 네가 아느냐?

5 하나님의 말씀은 모두 순결하며, 그분은 그를 의지하는 사람의 방패가 되신다.

6 그 말씀에 아무것도 더하지 말아라. 그렇지 않으면 그분이 너를 책망하시고, 너는 거짓말을 하는 사람이 될 것이다.

헌신의 잠언

7 주님께 두 가지 간청을 드리니, 제가 죽기 전에 그것을 이루어 주십시오.

8 허위와 거짓말을 저에게서 멀리하여 주시고, 저를 가난하게도 부유하게도 하지 마시고, 오직 저에게 필요한 양식만을 주십시오.

9 제가 배가 불러서, 주님을 부인하면서 '주가 누구냐'고 말하지 않게 하시고, 제가 가난해서, 도둑질을 하거나 하나님의 이름을 욕되게 하거나, 하지 않도록 하여 주십시오.

10 주인에게 그 종을 비방하는 말을 하지 말아라. 그 종이 너를 저주하고 너에게 죄가 돌아갈까 두렵다.

11 아버지를 저주하며 어머니를 축복하지 않는 무리가 있다.

12 더러운 것을 씻지도 않고 깨끗한 체하는 무리가 있다.

13 눈이 심히 높아서, 눈꺼풀을 치켜 올리고 남을 깔보는 무리가 있다.

14 이빨이 긴 칼과 같고 턱이 큰 칼과 같아서, 가난한 사람을 하나도 땅에 남기지 않고 삼키며 궁핍한 사람을 삼켜 씨를 말리는 무리도 있다.

15 거머리에게는 '달라, 달라' 하며 보채는 딸이 둘이 있다. 전혀 배부른 줄 모르는 것이 셋, 만족할 줄 모르는 것 넷이 있으니,

16 곧 스올과 아기 못 낳는 태와 물로 갈증을 없앨 수 없는 땅과 만족하다고 말할 줄 모르는 불이다.

17 아버지를 조롱하며 어머니를 멸시하여, 순종하지 않는 사람의 눈은, 골짜기의 까마귀에게 쪼이고 새끼 독수리에게 먹힐 것이다.

18 기이한 일이 셋, 내가 정말 이해할 수 없는 일이 넷이 있으니,

19 곧 독수리가 하늘을 날아간 자취와, 뱀이 바위 위로 지나간 자취와, 바다 위로 배가 지나간 자취와, 남자가 여자와 함께 하였던 자취이다.

20 간음한 여자의 자취도 그러하니, 먹고도 안 먹었다고 입을 씻듯이 "나는 아무런 악행도 한 일이 없다" 한다.

21 세상을 뒤흔들 '만한 일이 셋, 세상이 감당하지 못할 일이 넷이 있으니,

22 곧 종이 임금이 되는 것과, 어리석은 자가 배불리 먹는 것과,

23 꺼림을 받는 여자가 시집을 가는 것과, 여종이 그 안주인의 자리를 이어받는 것이다.

24 땅에서 아주 작으면서도 가장 지혜로운 것이 넷이 있으니,

25 곧 힘이 없는 종류이지만 먹을 것을 여름에 예비하는 개미와,

26 약한 종류이지만 바위 틈에 자기 집을 짓는 오소리와,

27 임금은 없으나 떼를 지어 함께 나아가는 메뚜기와,

28 사람의 손에 잡힐 것 같은데도 왕궁을 드나드는 도마뱀이다.

29 늠름하게 걸어 다니는 것이 셋, 위풍당당하게 걸어 다니는 것 넷이 있으니,

30 곧 짐승 가운데서 가장 강하여, 아무 짐승 앞에서도 물러서지 않는 사자와,

31 자랑스럽게 걷는 사냥개와, 숫염소와, 아무도 맞설 수 없는 임금이다.

32 네가 어리석어서 우쭐댔거나 악한 일을 도모하였거든, 너의 손으로 입을 막고 반성하여 보아라.

33 우유를 저으면 굳은 우유가 되고, 코를 비틀면 피가 나오듯, 화를 돋우면 분쟁이 일어난다.

왕에게 주는 충고

1 르무엘 왕의 잠언, 곧 그의 어머니가 그에게 교훈한 말씀이다.

2 내 아들아, 내가 무엇을 말할까? 내 태에서 나온 아들아, 내가 무엇을 말할까? 서원을 하고 얻은 아들아, 내가 무엇을 말할까?

3 여자에게 너의 힘을 쓰지 말아라. 여자는 임금도 망하게 할 수 있으니, 여자에게 너의 길을 맡기지 말아라.

4 르무엘아, 임금에게 적합하지 않은 일이 있다. 포도주를 마시는 것은 임금에게 적합한 일이 아니다. 독주를 좋아하는 것은 통치자들에게 적합한 일이 아니다.

5 술을 마시면 법을 잊어버리고, 억눌린 사람들에게 판결을 불리하게 내릴까 두렵다.

6 독한 술은 죽을 사람에게 주고, 포도주는 마음이 아픈 사람에게 주어라.

7 그가 그것을 마시고 자기의 가난을 잊을 것이고, 자기의 고통을 더 이상 기억하지 않을 것이다.

8 너는 벙어리처럼 할 말을 못하는 사람과 더불어, 고통 속에 있는 사람들의 송사를 변호하여 입을 열어라.

9 너는 공의로운 재판을 하고, 입을 열어, 억눌린 사람과 궁핍한 사람들의 판결을 바로 하여라.

유능한 아내

10 누가 유능한 아내를 맞겠느냐? 그 값은 진주보다 더 뛰어나다.

11 남편은 진심으로 아내를 믿으며 가난을 모르고 산다.

12 그의 아내는 살아 있는 동안, 오직 선행으로 남편을 도우며, 해를 입히는 일이 없다.

13 양털과 삼을 구해다가, 부지런히 손을 놀려 일하기를 즐거워한다.

14 또한 상인의 배와 같이, 먼 곳에서 먹거리를 구하여 오기도 한다.

15 날이 밝기도 전에 일어나서 식구들에게는 음식을 만들어 주고, 여종들에게는 일을 정하여 맡긴다.

16 밭을 살 때에는 잘 살펴본 다음에 사들이고, 또 자기가 직접 번 돈으로 포도원도 사서 가꾼다.

17 허리를 단단히 동여매고, 억센 팔로 일을 한다.

18 사업이 잘 되어가는 것을 알고, 밤에도 등불을 끄지 않는다.

19 한 손으로는 물레질을 하고, 다른 손으로는 실을 탄다.

20 한 손은 펴서 가난한 사람을 돕고, 다른 손은 펴서 궁핍한 사람을 돕는다.

21 온 식구를 홍색 옷으로 따스하게 입히니, 눈이 와도 식구들 때문에 걱정하는 일이 없다.

22 손수 자기의 이부자리를 만들고, 고운 모시 옷과 자주색 옷을 지어 입는다.

23 남편은 마을 원로들과 함께 마을회관을 드나들며, 사람들의 존경을 받는다.

24 그의 아내는 모시로 옷을 지어 팔고, 띠를 만들어 상인에게 넘긴다.

25 자신감과 위엄이 몸에 배어 있고, 미래에 대한 두려움이 없다.

26 입만 열면 지혜가 저절로 나오고, 혀만 움직이면 상냥한 교훈이 쏟아져 나온다.

27 집안 일을 두루 살펴보고, 일하지 않고 얻은 양식은 먹는 법이 없다.

28 자식들도 모두 일어나서, 어머니 업적을 찬양하고 남편도 아내를 칭찬하여 이르기를

29 "덕을 끼치는 여자들은 많이 있으나, 당신이 모든 여자 가운데 으뜸이오" 한다.

30 고운 것도 거짓되고, 아름다운 것도 헛되지만, 주님을 경외하는 여자는 칭찬을 받는다.

31 아내가 손수 거둔 결실은 아내에게 돌려라. 아내가 이룬 공로가 성문 어귀 광장에서 인정받게 하여라.

잠언.쓰다 | 새번역
PROVERBS WRITE

펴낸곳	에이프릴지저스
펴낸이	윤인희
등 록	제2019-000161호
주 소	경기도 고양시 일산서구 대산로 116
전 화	031)908-3432
이메일	apriljesus2017@gmail.com
판 권	ⓒ 에이프릴지저스2019
I S B N	979-11-90850-09-4 03230

홈페이지	www.apriljesus.com
인스타그램	instagram.com/apriljesus

값은 뒤표지에 있습니다.
잘못된 책은 바꿔 드립니다.

드림 _____

시계초침 소리로
당신을 조금 깨웁니다.

소중한 _____ 에게